AFONSO HENRIQUES NETO

BUSCA DA GEMA NOS DESTROÇOS

oca

Lisboa, 2020

COORDENAÇÃO EDITORIAL
Sergio Cohn

ORGANIZAÇÃO, FOTO DO AUTOR E PROJETO GRÁFICO
Sergio Cohn

ISBN **9786586962062**

2020
OCA EDITORIAL
REVISTAS DE CULTURA
Lisboa - Portugal

www.revistasdecultura.com

APRESENTAÇÃO
Italo Diblasi

> *(...)*
>
> *carne ou metáfora – não importa –*
> *sendo nada tudo alcança:*
> *o poeta é a viagem*
> *mesmo contra a esperança.*

Não seria surpresa para ninguém admitir que hoje a poesia de Afonso Henriques Neto é vista no Brasil como uma espécie de clássico *underground*. Sua obra, densa e de fôlego, constituída de mais de dez livros, vem sendo escrita há mais de 40 anos e perpassa vários momentos de nossa história recente, assim como atravessa diversos cenários da poesia brasileira da segunda metade do século 20. Desde os seus primeiros livros, produzidos na década de 1970 de forma independente (o primeiro deles, *O misterioso ladrão de Tenerife*, em parceria com Eudoro Augusto), que já trazia uma linguagem própria, mas um método de difusão que o colocava em diálogo com o que pouco tempo depois se tornaria popular pela dita "geração marginal", em plena ditadura militar, até o recentíssimo *Cantar de labirinto* – épico composto em doze cantos que de alguma forma marca uma retomada da poética que atravessou Camões e Jorge de Lima, entre tantos outros – a obra de Afonso se revela uma viagem (ou seu testemunho) no sentido mais existencial que o termo pode compreender: o da criação.

Se fosse o caso de retomar este sentido na *Odisseia*, de Homero, por exemplo, veríamos, claramente, que é na viagem, e através dela, que Ulisses se torna Odisseu. Que em última instância é do périplo que se faz o herói; que era o caminho, e não o destino, o verdadeiro sentido de Ítaca. Octavio Paz, em *O arco e a lira*, sustenta que o ato de escrita implica uma criação, que é a criação do próprio ser. Criação esta que não se ampara em nada, porque o nada é seu fundamento, sua pedra angular. "Nada existe, celebremos", nos diz Afonso em um dos poemas que compõem esta antologia. E "o poeta é a viagem/ mesmo contra a esperança".

É do fundo deste "nada", de um movimento deliberado de abismar-se para criar, que a poesia de Afonso Henriques Neto parece brotar. E é através deste abismo (com violinos) que ela alcança sua potência criadora, metamorfoseando-se, de livro em livro, entre o épico e o maldito, sem se ater a fórmulas. Poesia inquieta, de experimentação formal, que não se deixa entrever por modelos ou categorias fixas. Viagem, é preciso insistir. Uma viagem sem fim: só caminho e canto. Porque são grandes as questões que movem a poesia de Afonso: o amor, a entropia, a morte, o inventário de violências cotidianas, a beleza. Poesia que, de certa forma, reinventa o mundo em seu ritmo vertiginoso. E celebra. Uma cerveja no dilúvio.

O resultado, que vemos na presente recolha, é uma poesia incendiária, equilibrada entre o rigor e o delírio. Que se alterna entre o verso longo e o curto, igual o jazz. Escrita de expansão e retorno, na qual vemos se costurar, pelos versos, a ponte entre a mais ínfima das coisas e a "guelra de deus". De vocação imagética, de composições fortes, de enigmas que sorriem, de luzes vestindo perfumes, "do pavor onde se inflamam destinos".

Não é exagero afirmar que Afonso Henriques Neto ostenta uma espécie de erudição rebelde. Como se entrasse em todas as estruturas e saísse de todas elas. E quanto a isso não há dúvidas: trata-se de um poeta que soube se servir de um amplo repertório de referências, sem, no entanto, se prender a nenhuma delas. Que não se conforta em nenhuma linhagem, mas que as perpassa, tirando delas o material para compor seu próprio campo estético-conceitual. Talvez daí a dificuldade em localizar a poesia de Afonso dentro desta ou daquela geração da poesia brasileira. Em seu voo solitário, faz ninhos de verão. Traça mapas, rotas possíveis. Conserva algum sumo simbolista ("violentos planetas vomitando o drama"). Leva ao limite os parâmetros do modernismo (do qual é herdeiro desterrado), visita o surrealismo mas não fica para o jantar. E dá pistas, nomeia seus eleitos (García Lorca, Poe, Dante), faz a ode e a elegia.

Esta viagem à qual a poesia de Afonso nos impele não é senão a da grande aventura humana sobre a Terra. Catastroficamente bela. "Quase cinza". E sempre coube ao poeta cantar o périplo. E é isto o que faz Afonso, qual demiurgo de um mundo que já veio, mas que está por vir. E que só virá se for criado novamente: "amar o humano, herança do que me resta".

Poesia para respirar debaixo d'água, para fazer do espanto o método. Lírica, no limite. Política, sem ser panfletária. Que quer da linguagem o corpo, o gozo e outros fluidos. Para fazer deste mundo o próprio poema, contínuo e inevitável. Até silenciar. "Ser infinitas palavras/ não precisar de nenhuma".

POEMA

A paisagem não vale a pena.
Pesa dizê-lo assim tão duramente,
mas o que posso fazer contra os mascarados
que penetraram os altos muros
e agora coabitam os aposentos desolados?
Já não vale a pena a manhã.
Os embuçados chegaram em surdina
e foram destroçando todos os pilares,
todas as primaveras, as lúcidas esperanças,
vultos tão horrendos que paralisaram o dia.
A noite não significa mais nada.
As casas dormem e não significam nada.
O vento cortou-se em mil fatias de desespero.
Que dimensão canta além da treva,
a face repousada, os olhos claros?

ASSIM

Vomitaram trinta estrelas nesse charco
de líquidos corpos empoçados.
Nas tocas iluminadas os que se iniciam na morte
fantasmas de si mesmos
fecundam ritmos e bússolas e fracassos.
Há desgosto e música na atmosfera branca
negra.
Vomitaram trinta estrelas talvez mais
mas o buraco se fecha.
Em silêncio algumas flores resistem
nas verdes gramas do sol.

SENSÍVEL

Fomos depositar os ossos na terra, mas o essencial não era terra nem ossos, apesar de serem importantes, e sim o gesto, deposição. Ficou imortalizado, o instante preciso, no computador invisível. A terra e os ossos afinal eram a mesma coisa. Então transportamos terra dentro de tubos em forma de sonho e preenchemos quantas salas houvessem no museu, já agora roído por bichos ausentes. E acendemos o fogo.

Escondemos o alfinete no tronco da árvore localizada (aqui, se assim decidido, vem o local exato da árvore fecundada). Da distância o alfinete inchava-se abstratamente, por isso não estruturamos em nossa planificação a possibilidade do alfinete inchar, e assim ultrapassar a importância da árvore. Os dois tinham a mesma importância (não mais o ato de cravar o alfinete no tronco, mas a sensação da existência do alfinete no tronco). Vocês devem deduzir o teorema. Se não deduzirem, pior e melhor.

Gravamos o ruído de um micróbio e confrontamos com o choro de criança, grito de velho, barulho de cidade, silêncio de lábio morto. Depois gravamos o ruído de papel sendo amassado e a gravação anterior, a do micróbio, pareceu-nos de lábio morto, apesar do sono de criança resumir o mesmo destino. O grito do velho e o barulho da cidade eram por certo diversos do papel sendo amassado, mas este é de importância incomum. O barulho de papel sendo amassado é emoção estranhíssima em nossa cólera parada.

Um dos nossos vivia com medo de enlouquecer. Não digo perder a razão completamente, já que isso é o mesmo que nada. A angústia, o pavor era o mergulho para sempre na atmosfera das improbabilidades de uma língua estranha, aos pedaços, ou algo assim. Como se pudéssemos algum dia nos libertar. Agora por exemplo moramos no fundo do mar, mas abandonaremos nossa experiência pela simples razão de um bicho qualquer atravessar uma rua qualquer, principalmente quando todos estiverem dormindo, um coração disparado às trinta e duas horas da tarde. Você bem pode ver que não há possibilidade de escape.

Ainda não nos decidimos quanto às cores. Nem quanto aos sons, diz Válter experimentando o impossível aparelho sonoro. E fumávamos a erva brilhando o azul profundo sonoro. Não mais fumamos a erva, o brilho nos vem sob a simples pressão do dedo mínimo. Falávamos vagamente, sofrendo e rangendo, das existências compactas da realidade, como tudo nos era irreal, os climas da noite. Nossos espíritos subiam com a fumaça, navegantes. Olhos fechados e as explosões galácticas. Viemos da explosão. Nossa origem, eis. Penetramos o vácuo à medida que ele nos penetra, algo sinistro. Não há mesmo possibilidades. Sem o sabermos o ácido já se instalava nos crânios irreais. Improbabilíssimos. As antenas computavam longes.

César foi comprar mantimentos e materiais, enquanto a obra prosseguia. Cada minúcia era a insatisfação, os eixos giram. O símbolo em si, uma pedra sob as patas dos cavalos mortos da guerra do Paraguai. Válter e eu morríamos de rir da impossibilidade de tantas obras propostas em cada esquina, em cada tempo, tambores e ruínas. Corremos à janela e do quinto andar fotografamos César entrando no prédio às tantas horas do dia tal para nunca mais. Depois espetamos paus de fósforos nas tomadas e percebemos no vento a mudança singular de toda a estrutura. E falamos sobre as formigas a roerem todos os alicerces. E percebemos tudo. César entrou no apartamento sacudindo instruções mágicas na mão direita. Depositou no chão os materiais e os mantimentos, perdendo-se por um dos ângulos reais da sala, enquanto ângulos irreais boiavam no silêncio. Supúnhamos dimensões naqueles tempos.

De todo um absurdo conversado a noite inteira sob chuva restou esse quadro riscado a esmo e bêbado, virado para a parede, evidentemente simbolizando o núcleo em brasa do planeta, escondido de nossos olhos e existindo de qualquer maneira. Não seria essa a primeira ideia que as matérias dispersas no infinito faziam arder em nossos nervos?

A praia das luas pegajosas e os cardumes de gargalhadas. A areia deserta e as caixas de merda. Pau nas breura, sabor de claridade, coxas da armadilha, tato de amarelo. As selvas do mundo e a corrente luminosa em círculos estendida. O vento leste e as maçãs apodrecendo. Epifanias radioativas, hospícios gordurosos. O orgasmo de babel e as trevas fixas. Estirados no chão qualquer. Cada um de nós é solidão. Hoje captávamos o estranho. Tudo era perfeito como o enigma. E a unha, vejam, a unha ranhuras unhas tudo em unhas perfeitamente. No que quisermos supor também é a verdade. Estruturemos, para desarticularmos depois.

Subíamos na pedra (ela nos subia), descíamos depois. Subíamos na montanha, descíamos depois. Mergulhamos na banheira, subíamos depois. Depois no oceano, emergíamos depois. Depois quebramos, rasgamos, torcemos, espalhamos no tapete, no solo, por tudo. Possuíamos a sinfonia do século (o inútil que vomita). E ainda vieram dizer que tantos outros morriam. Como se no envolvente todas as sensações não respirassem iguais.

TEXTO

Oh espina clavada em el hueso
hasta que se oxiden los planetas
Federico García Lorca

O texto, escura escama, pesadelo de eternidade,
máscara densa do universo vomitando.
O texto, mas não a energia que o pensou,
interrogando a simultaneidade absoluta.
Há uma esperança nas ruas, nas pedras, no acaso
de tudo, uma esperança, uma forma suspensa
entre o aparente e a essência, entre o que vemos
e a substância, uma esperança, uma certeza talvez
de que o rio não se dissolva no mar, de que
o ínfimo, o precário, a voz, a sombra,
o estalar das carnes na explosão
não se dispersem no todo, impensável medusa da inexistência.
Há uma luz qualquer sonhando integração, o suposto
destino dos ventos, das energias globais, a suposta
sabedoria com que o homem fecundou a crosta
envenenada do planeta, há uma luz qualquer
ensaiando águas pensadas no eterno esvair-se,
abstrato expansionário, há uns olhos além
da frágil realidade, da terrível matança, da
cruel carnificina entre seres pestilentos aquém
da fronteira do sonho, um texto além do texto,
uma esperança talvez, enquanto somos e nos cumprimos,
enquanto somos e nos oxidamos, enquanto
somos e prosseguimos.

engole o peixe com a espinha
e tocarás a guelra de Deus

aprende todas as palavras
antes de reduzi-las a Uma

ser infinitas palavras
não precisar de Nenhuma

DOS OLHOS DO NÃO

se lhes derem Kennedy ou Kruschev ou De Gaulle
não acreditem nesta única realidade
neste implacável colar de conchas de ar

se lhes derem os códigos os gestos as modas
não acreditem nesta enlatada realidade
nesta implacável aranha de invisíveis fios

se lhes derem a esperança o progresso a palavra
não acreditem na imposta realidade
na implacável engrenagem das hélices de vácuo

aprendam a olhar atrás do espelho
onde a história jamais penetra
a profunda história do não registrado
aprendam a procurar debaixo da pedra
a estória do sangue evaporado
a estória do anônimo desastre
aprendam a perguntar
por quem construiu a cidade
por quem cunhou o dinheiro
por quem mastigou a pólvora do canhão
para que as sílabas das leis fossem cuspidas
sobre as cabeças desses condenados ao silêncio

A FEDERICO GARCIA LORCA

a romã da morte madura
no vácuo de estrela e água
a romã da morte amargura
no prado da madrugada

granada
fonte de espinhos

granada
profano vinho

romã da morte madura
na prata da madrugada

(no azar de sombra e caveira
algemas de fogo e nada)

granada
carrasco na arena gelada

cães mastigando o assombro
em estilhaços na estrada

granada
estrelas de sangue e de neve
horizontes descarnados

sol sem luz
torta manhã

nos olhos
(seca romã)
de federico parado
de federico dormido
de federico cuspido
de federico e seu nada

granada
lados feridos

granada
assassina estrada
de cães de lua e labirinto
corpos lançados nos rios
corpos salgados nos frios
fascista florada e martírio
granada
nenhuma estrada

(pois além de federico
a poesia e a morte
bailam máscaras e acasos
no despenhadeiro de traços
e verbos de federico
a infinita manhã
naquele instante esgotado)

granada
terrível romã
madurando a madrugada

NEM A MORTE

música das coisas suando em minha pele,
na noite humanizada da pele, o anjo cego,
o sol caolho, música de todos
os desesperos, de todas as azuis diabruras
e terríveis cósmicas gangrenas, o silêncio
de estrela, o branco tenso da cicatriz.

não quero enxugar o suor do morto.
não quero nunca mais sofrer a lenta
corrosão da tia na cama cheia
de farelos de câncer, oh jovem voz
antiga em corpo roído, pobre música
das coisas ditas sem resultado.

não quero pintar o lábio da morta.
vestir a nudez de ausência. dependurar
os brincos de lágrima. não quero o sal
amargo de crianças sangrando no fundo
palco de um teatro mais negro que a negra
composição de música navegando sem braços.

porquanto persigo a música que não sei.
pois sei pouco, três ou quatro poetas,
pedaços de sistemas filosóficos, restos de
programas televisados, poeira de sonhos
nunca lembrados, um rádio na infância
e esta música a me esculpir no vago.

nem sei o cantor capaz de espantar

o bicho. ele me espia do corredor,
sorrio para ele, somos um, o vento
soca a porta, minha mulher ressona,
o homem é a extrema estrela desesperada,
estou calmo, não é preciso fazer nada, nem a morte.

UMA NOITE

o tio cuspia pardais de cinco em cinco minutos.
esta grama de lágrimas forrando a alma inteira
(conforme se diz da jaula de nervos)
recebe os macios passos de toda a família
na casa evaporada
                    mais os vazios passos
                    de ela própria menina.
a avó puxava linhas de cor de dentro dos olhos.
uma gritaria de primos e bruxas escalava o vento
          escalpelava a tempestade
                    pedaços de romã podre
                    no bolor e charco do tanque.
o pai conduzia a festa
                         igual um barqueiro
                         a puxar peixes mortos.
nós
     os irmãos
                    jogávamos no fogo
                    dentaduras pétalas tranças
                    fotografias cuspes aniversários
                         e sempre
                              uma canção
                                   só cal e ossos
a mãe de nuvem parindo orquídeas no cimento.

QUASE CINZA

eu sei onde ladram os ventos pelos ladrilhos
dos mistérios inexistentes.
eu sei de que matéria esta sensação de derrota
é feita, moldada, entre instrumentos de tortura
e pálpebras e espelhos amassados.
eu sei dos que falam no escuro a flauta da voz
das fábulas.
eu sei através do vídeo o vácuo do sangue atrás e além
da imagem, violentos planetas vomitando o drama.
eu sei das tartarugas infinitas.
os bodes expiatórios.
os lavabos cheios de unhas vivas.
a eternidade do gesto humano
morrendo no longo tombadilho.
sei das certezas e incertezas verdes.
sei do resumo de tudo dançando na chuva mais cotidiana.
só não sei do teu sorriso se diluindo em nuvem.
só não sei do teu corpo quase infantil
de mulher amanhecida.
só não sei do timbre de tua voz
entre borboletas e musgos fluindo do único verbo.
só não sei do opalescente rastro de teus pés
entre cachoeiras apagadas.
só não sei da galáxia a resumir vazia
o silêncio mortal de tua alma quebrada.
ai de mim
que eras ouro e breve.

TORNO A REPETIR

a Heloísa Buarque de Hollanda

o papel para sempre em branco.
entanto o poeta bebia o dia.
era um banco de jardim
mariposa a cuspir luz e lua
as coisas passeavam.
papel branco de todas as palavras.
um ritual acima do anjo
acima do entendimento celestial
por isso todos viam
o poeta sonhar incólumes avenidas.
e as avenidas eram avenidas
não um gracejo de óleo inexistido.
o papel ou branco se ardia.
o poeta nem ao menos
ou desenhando o dia.

NUMBER ONE

a chuva de pássaros e o cachecol de estrelas
o peixe no congelador e o segredo das cinzas
o gole no escuro e o mistério violado
o hálito torturado e a sombra no sol
a vertigem de sal e o instante sem tempo
poesia, incomparável dia

NUMBER NONE

a cagada grossa e o casamento na roça
um pássaro na mão e uma porrada no fogão
o deletério no palácio e o burocrata no ópio
o tiro na cara paranoia escancara
a máscara sem dono e a tortura tortura
pois não ia, nunca volto um dia

BREVE GESTO

Não vim buscar espigas de Saturno
nem a infância do mar em Federico.
Vim buscar-te? Talvez, já que as horas
correram murchos rios de palavras,
e além dos códigos e dos cavalos
 sonhei reter o tempo e a poesia.

Foi-se o breve gesto, tantos dias.
As coisas são brutais porque são limpas
tal a cor na epiderme desse frio.
Dar fuga à fonte inconsolável:
não sei se vim buscar-me, se em mim te ardes,
sob o breve gesto e sob secos dias.

Acaso colhi sementes de estrelas
ou a infância do mar em Federico?

METAL E ÓLEO

pedras caiadas do silêncio.
poucas luzes, poucos insetos
vomitando
sombras magras na parede magra.
dois passos
duas voltas do olhar
a flor das épocas bruxuleia
metal e óleo.
janelas esmagadas do silêncio.
a presença dos ausentes
caminha em palha e algodão
entre os estilhaços da fogueira
no ácido espelho inexistido
metal e óleo.
construção poliédrica do silêncio.
as sílabas se apagam ou são
pálpebras entre vermelhos apagados,
mesmo nada: oh asa comovida
de nenhum e sempre.
metal e óleo.

ENTREFILMADO

o filme parou meus relógios
e desceu um anjo em forma de nuvem
sobre o planalto amanhecendo

eu procurei uma vertigem qualquer
onde me apoiar
na claridade aberta do teu olhar
moça e serenidade
imperativo do meu sangue e brisa
livre da manhã batendo nas coisas

a luz do filme coagulou meu pensamento
e vi sobre o planalto
as tribos todas se sucedendo
as raças todas se misturando na correnteza
de explosões e crônicas e azedumes
e chibatas e delírios e dinheiro
dinheiro dinheiro

e assisti sobre o planalto a cidade
construída de um sopro
hálito de imenso
algodões de azul e anêmonas de chuva
uma cidade ainda indiferente
e absurdamente tempestade
potros de ouro abrindo a cavalgada
das iluminações e profecias

e colhi no planalto a absoluta

ausência de verdade
mas o trigo que irá alimentar
cada uma das crianças
radares transparentes da galáxia
todas as tribos reunidas sob um sol
ainda indiferente
ainda usurpando o sangue e deglutindo a memória
de todos os famintos de todo o lixo
vertido nas raízes poluídas
de todos os colonizados
luzes puídas de um universo mutante

que o filme congelará o invisível
e mais uma vez estamos nus
e o rio é a nudez das palavras
carne exposta nos altares do vácuo
ritual deste pavor onde se inflamam
destinos

RADIAÇÃO

a mecânica desses jardins em nenhum relógio
se revela, ao modo de bruxos na frase
do livro feito areia do céu onde sonhamos
a palavra do anjo, a sílaba do tempo,
o incomunicado silêncio das coisas
para as constelações do azul inumerável

digo das substâncias que se roeram em nós,
corpos amigos em sepulturas pálidas,
digo deste sono que meu pai cravou
em minhas costas e que cravo nas costas
de meus filhos, à maneira de asas, talvez anjos,
já vos disse, este jeito de sorrir
e amar o humano, herança do que me resta

IDEOGRÂMICO

luz na água
Dia.
luz água
Peixe.
(dia noturno
Fábula, Um.
peixe no eterno
Tudo, Nenhum.)

NA ESTRADA DESTA CAMA

princesa
que fogueira é essa acesa
na noite tão fumada do seu quarto
se lá fora uiva o vento
e outros bichos bem mais gelados
apodrecem por todos os séculos
como aquela paixão desenfreada
que se foi gargalhando lágrimas
pelo ralo gorgolejante dos dias
ou que não era paixão
nem mesmo um estrelado tesão
conforme você me dizia
naquela caminhada sem caminho
mas um amor denso
lava represada de milênios
e leve como a nuvem
que vestia vossas mutantes sintonias

sim meu amigo
eu amava um fulgurante desespero
era bem mais que o absoluto
a gente não se encontra
em parte alguma
e o amor
esta lua suavizante nas ossadas
você me entende
essas transas que jamais entenderíamos

princesa

vou lhe dizer uma coisa
que ideia alguma
que música alguma
encerraria em seus espelhos de encantamento
vou lhe dizer
que vocês deveriam se sentar agora
às margens dessa utopia
e se beijarem e se lamberem
e se comerem ainda
veja quantos peixes se evaporando
árvores inclinadas para o invisível
nem quando nem nunca
princesa
tanta ternura enjaulada
você tão fumada tão descabelada
pássaro aflito na memória
secas florestas fosforescentes

certo meu amigo
mas tire a mão da minha bunda

POEMA

nada a desenhar
sob o diamante do olhar
poeta no abismo
medular

nem há no fundo
do coração do mundo
sonho ou vento demiurgo
que tudo venha explicar

carne ou metáfora – não importa –
sendo nada tudo alcança:
o poeta é a viagem
mesmo contra a esperança

JAZZ SESSION

A
soprar no metal o que não se pode ouvir
este sax do outro lado do sonho
madrugada imersa no magma febril da memória
soprar no metal o discurso de anjos exauridos
e então é como se caules de sal e sono
rasgassem a terra e viessem fulgir no álcool
dos cavalos amarelos pelas florestas incandescentes
arrancar do metal a selva de corpos enlaçados
– incêndio – sons que são máscara diálogo poema
sentimento líquido na crispada rocha da linguagem
decifrar no metal o jazz sincopado em sexo
e trêmulas lâminas de néon-segredo
a percorrerem iguais a gatos sonâmbulos a sintaxe
noturna de tua pele de tuas palavras habitadas
pela imemorial poeira de áfricas europas ventanias
escravidões mississipis ritmos amnésias

B
uma dor mineral, surda há milênios, conduz
a frase, cuspe contra a luz, palheta
vibrando um pulmão de estrelas, esta dor
ancestral, muda há milênios, arquiteta
a frase, saliva crispada em blues, fricção entre som
e sangue ardendo uma alma de vertigens, esta dor
animal, cega há milênios, a explodir
o casulo, gomo de música a estalar
entre luz cuspe metal memória,
lama aos poucos recobrindo o aposento deserto

C

na primeira fila deste teatro sentamos a esperança
de entrevermos o sol detrás do hálito de frio
que os primeiros acordes congelam em nós
esta carne fantasiada de míticos bailes alucinados:
na primeira fila deste teatro sentamos o tempo
de entrevermos o sol maquiado pelo sopro
de metal vulcânico, estridentes arranhões
de sombra no crepúsculo emocionado,
work songs a fluírem entre pianos triturados
(rio corre fraseado arde o que é livre ruge)
mas é um campo impossivelmente azul
de pássaros que nunca verás uivando nos galhos
das últimas florestas precipitadas no olhar,
incêndio completo de frutas e astros cadentes,
quando melhor seria injetares os derradeiros sucos,
algodoais radiações nightclubs, e além da hecatombe
sentar tua esperança sobre esta época, vida inteira
esmagada em um mesmo, ciclópico olhar,
na primeira fila deste teatro onde o vácuo,
onde a música imaginou ampliar tua morta percepção,
agora palmas que voam de toda a plateia contra o palco
congelado neste frasco de essências, neste pedaço de luz
que esfarelas numa elipse, duas garras crispadas
sobre um silêncio onde palco e plateia se devoram

D

acordam sons em saxo sexo escorrem

pontos concretos de ar

colidem cores mitos ritos zvoaça

nó de raivas   ancestrais   experimentais   nódoas rugem
anos-sonoros em frente   detrás   tanto faz   acordear

cavalo sem olhos   desarmonias   reinventar
rascante rosto turbilhão labirinto ouro neva
frase quase névoa vaga
vinte luas no céu violentamente
acorde a rasgar muscular universo desacorde
tempo-respiração-virtual-areal-paralelo
luz mental   instinto-etéreo
febre frase violácea encruzilhada caveira diabolós rui
rói úmido ai coração prata escrava piano em lava
sons que cacos caxos naxos escarvam
quase nexos be bop hop sob sax sobrenatural
teu rosto talhado silêncio crepitam leves
um arpejo de neve   um clarim do desgosto
torto néon pântano rouco tardonho
visões êxtases flutuações rebeliões vermelhos esfregados
precipício bêbado & sensuais coribantes
arremessam sexos flores acasos
secreta sangrante celestes dardos

E

pois quem enfim sopra este cogumelo de música? quem
narra o canto florido no delírio? quem dança
o espanto? quem sonha o solto sentido do verso?
de que substância, de que espuma lunar se imanta
o poema? em que cósmico ancoradouro foi jogado
o navio enfeitiçado da imagem? quem
afinal engendra a cor no centro deste coração, sonora
catedral onde o universo se reflete e se transfigura?

F

quando o poema, a música se esvai do metal
e nada resta na parede, no linóleo, no veludo

da cadeira, quando o teatro se evapora, sequentes
edifícios se fazem e se estiolam, quando o poema,
a música se esvai da carne e nada resta
da emoção, da febre, do céu por um milionésimo
de tempo surpreendido, quando tudo se fecha
e o real é a eterna imagem agarrada ao eterno
espaço, sem janela alguma além da própria janela
escancarada sobre si mesma, eterna paisagem aferrada
ao eterníssimo espelho, quando nem memória
do poema, da música, do amor desatinado
de infinito, quando tudo é mais que efêmero,
rápido e definitivo, solidão, quem se ergue afinal
na guelra ensanguentada, na ácida lâmpada deste metal?

 oblíquo pela janela verde
cantasse
e a luz que veste o velho perfume
levemente pousasse no rosto branco
menina ardente
longínqua
e desenhando marcasse o sorriso de um enigma
olhos rasgados em esfinge de prata
teus seios e pêssegos
e cântaros de sol
nuvens iguais a tapetes sanguíneos
botão oculto
fervente
olhar oblíquo
doce menina ardente
leve luz que veste a janela verde
como se um luar cantasse

ESPAÇO AMOROSO

L'Espace?
– Mon coeur
Y meurt
Sans traces...
Jules Laforgue

Companheiros da cósmica viagem,
úmidos da luz turbilhonante,
cúmplices do céu absoluto,
amor é página onde escrevemos
o escandaloso sangue do enigma e do fascínio.

Nossas mãos ainda quentes de infinito.

Pois de um lado respira a comunhão dos ossos.
De outro a lenta dissolução da febre
entre os dedos da eternidade.

Clarão visceral
mistério do olhar a acender amor.
Assim como quem leva nos lábios
o vento que gravemente roçou
algum gesto especial do ser amado.
Dimensão única do abismo,
ar seminal.

(A separação amorosa é cruel
em seu ensaio para a morte.
O vazio amoroso é um astro desmoronado

sobre a treva dos próprios destroços,
imaginário abortado.)

Pois como percorrer esta rua
onde amor morou
sem chorar o chão vazio
e ouvir atrás do silêncio
passos ligeiros tal um sorriso no vento?
Como saber da árvore
em que nua você se abraçava
sem pensar que todas as árvores
vivem de você ser a chuva
para sempre adornando esses cilindros de abismo?
Como sentir o fogo
sem tocar o espasmo dourado do corpo?
Como voar ao encontro do infinito
sem o amor semente em cada grito
morte e solidão ardendo
a fábula extrema do amar?

(Saudade futura: o quanto serei feliz contigo
inunda o peito com esta lava sanguínea
e premonitória
prazer antecipado
e perda.
É a incerteza
dilaceração entre amores de mesma voltagem
a impelir corpos rumo ao sol
antes que a noite.
Luto futuro: ao espasmo do amor
segue-se um céu turbulento de anseios
punhais no pano mais sensível da memória

súplica-insânia nessa ferida
sobre colchões forrados de sinfonias.)

Espaço doce, seiva noturna,
pele onde se soprara tempestade,
aceitação plena do que há de ser,
mesmo a ausência absoluta.
Espaço doce.
Inventar esta praça de sinos luminosos,
flores cezanneanas,
uma lua de absinto
(explosivamente vermelha)
em céu violeta, violento.
Chão-fotografia.
E o mais-que-morto,
cidade engolida e devolvida pelos vulcões
milhares de vezes,
a mesma poeira dos astros inominados.
Quando ruir toda literatura,
além dos ossos ou do amor sob as pedras,
circulará a voz sem som.
Espaço doce.
A mão que colhe a lua,
tamanho fruto ensanguentado.
Sabedoria?
Saber o que fazer do dia
que não vemos.

(A borboleta noturna
trepa pelas costas da madrugada
e é uma montanha respirando forte no horizonte,
esse líquido verde sob o sono,

um relâmpago adocicado chamado amanhecer.
Barba vermelha do sol,
espigas espocam no silêncio quente do dia,
a menina tatuada de andorinhas se estremece,
palpita, freme
– ela é um pássaro a fremir invisíveis penas –,
à beira do amor.
Um violino então se esfiapa
em chuva de loucuras coloridas,
mas é violeta viva a textura
a materializar o sonho da menina,
luar de energia,
fotografia azul do fascínio:
seu hálito de flor, sua pele de seda encantada
florescem na minha mão,
suspiram baixinho no fundo do sigilo,
quando golpes de vento em gotas fazem cintilar
olhos seios coxas dentes
um brilho único desvairado devorador
de infinitas metáforas
a poesia corpo exposto nos longuíssimos
espelhos da emoção.
Ela me pertence quando sei jamais tocar
o coração de sua beleza.
Ou nunca me pertence quando o vapor do seu olhar
afoga meu peito sob uma corrente
de grossos elos de água e paixão.
Mas para que tudo cumpra o agudo ciclo
há que se criar antes a luz
o gesto solidamente desferido
formigas sem fuga no espelho
vertigem da lâmina no vácuo.
É a tarde que mais uma vez cai,

olhar que mais uma vez se apaga,
e gritar gritar pela borboleta noturna
que é montanha a vomitar manhã
no colo dourado da menina em sonho
à beira do violino
então entardecendo
tempo esmagado.)

Anjos, demônios, porcelanas pintadas,
máscaras quebradas,
estrela fulgurante passando de mão em mão,
ladainha, restos de frases, berros revolucionários,
uma guitarra entrecortada de lirismo e desespero,
plantações incendiadas, cáries, maremotos.
Mísseis terroristas e labaredas remotas
altas iguais himalaias.
Madame,
não seria mais interessante largar as pérolas
e os visons sobre o sofá de esmeraldas
e fugir nua e violenta por entre marinhas arteriais?
No vidro a planície a rebrilhar
tal uma gota de tempo.
Um filme feito dos destroços de uma invenção.
Flor linguagem, meteoro, rosto a varar a própria imagem,
cabelos na direção infinito.
No centro de junho, lâmpada sob a pele,
bolha de frutos queimando,
incêndio de onde se retira
o pólen cristalizado das manhãs,
oh lábio imóvel, geração murcha, comoção da ruga,
câmara tensa.
Ela revira os olhinhos igual uma boneca
controlada de uma remota base

de imbecis raios laser
sobre a neve coberta de bocas esfaqueadas.
Replicante. Procissão em negro e violeta,
interior de Minas, Nordeste, ruelas sufocadas,
alguns rostos quase embuçados, inaudíveis,
sombras azedas,
por detrás de janelas asfixiantes.
Raiva solar de um amor solar.
Punhal cravado no fogo.
Chuva de gerânios na cachoeira dos pássaros em pedra.
Mitos. Tudo pedra.

(Os turvos espaços, as superfícies, as cavernas da ausência.
O oposto talvez fosse a alegria, a exaltação, mãos que se pro-
curam para destruir o frio – figuraria o movimento do mar,
o corpo largado entre corais brancos, movimento cósmi-
co/erótico, pressão da água cristalina e morna no ventre em
praia deserta, masturbação ao sol na recordação de teu sexo,
o esperma a dançar na água qual bailado de fogo no gozo profundo, gotas de constelações a fecundarem o silêncio. Universo. Sopro azul do canto, mistura de mar e nuvem e estrela e
espanto. E onde afinal a voz amada? Nem mesmo memórias
gravadas nas penas daquele pássaro transfeito no invisível.
Transes indecifráveis no lábio do abismo. Ou talvez assim:

    não é mais de mel minha guitarra:
    os sonhos que dela então voaram
    habitam este céu sem cor e fundo

    ai, não posso ver teus olhos tão vazios
    nem teu rosto em névoa, de mim ausente,
    a sonhar surdo céu sem cor e fundo

não é mais de mel meu pensamento
morto nesta esquina do deserto
sem saber em que céu há de nascer o mundo)

Estaria no ritmo cardíaco alterado, na dor física, na depressão sentimental, na faca a escavar o espaço tenso da ausência? Onde estaria o quê? Não digo de uma dor sem termos, aquela que meu avô, Alphonsus de Guimaraens, descreveu ao falar da noiva morta: "a saudade sem fim de tê-la visto / sem esperança de tornar a vê-la". ("Quoth the Raven, "Nevermore", meu caro Edgar Poe). Não explicito a falta absoluta do espaço. Digo tão-só da separação amorosa, suas víboras, suas luas cardíacas, seus labirintos esféricos, carícias farpadas, nevadas. Digo da súbita muralha de flores negras. Do olhar que não capta mais o sentido desenhado na superfície das coisas. Do olhar exausto. Das lágrimas que saltam semelhantes a flechas envenenadas, escaldantes, ácidas, sem fonte, termo, rumo. O inferno sob os pés, o tatear caminhos incendiados, em lugar algum encontrar o sonho. Esperar que se cumpra a treva, o luto.

Ou reencontrar o sal do carinho
dedos de luz no sótão
de carvão e delírio seco.
Recomeçar o desenho do dissolvido
pelo centro do vazio,
sopro sem traço no tempo,
punho cerrado,
reinventar.

As mãos ainda perdidas de infinito.

 que se acaba em paris
angústia de mel nas praças sinfônicas do infinito
não é qualquer amor que risca na rocha o relâmpago
sonhos siderais nas guelras dos furacões
não é qualquer amor que se celebra na orgia das estrelas
revoada dos deuses até então imóveis nas estátuas
não é qualquer amor que se perfuma com o destino das flautas
doce alfabeto sonhado nos pássaros em primavera
não é qualquer amor que será eterno igual a carne
oblíqua emoção de lamber em prantos o sol entardecendo
não é qualquer amor

TUDO, e nele nada
se contém, conteúdo
                        lancetado
caracol sem casca carne
amara música quase vento

as nuvens inflam as velas
do vazio
o mar é largo de pensamento
e o desejo flâmeo do amor
frêmito de flor no cimento

tudo, amigos, nesta taça
de sol e breu erguemos,
plenos, e amar seremos
o sereno nada desta vida

poesia, busca da gema nos destroços
música, bicho
naufragado no conhaque do sol

agora que sei ler a biópsia do desastre
quero você num maremoto de flores,
amanhecida, anoitecida, bêbada de flores

peixe

vento empedrado

osso

canoa anoitecida

barro

amnésia do infindável passado

amanhã

árvore que mostra o corpo luminoso

sol

canoa de sonhos fosforescentes

estar no rio

em lugar algum

destino

também é máscara

a verdade

HÁ UMA CLARA espera da bruma.
sonho sobre o mar da transparência.
o tempo que se fixa no texto
é abstração de música
latido róseo no vento.
o sol em chapa nas coisas
imprime na gelatina uma promessa
de eternidade.
ridículo supor que os ossos sabem.
apenas a transparência
nem isso.
imagem a ressoar no anfiteatro
imaginário.

FRAGMENTO GREGO

o reino da palavra é insatisfatório tal um inseto que só acreditasse nas asas para voar. estética, túnica de música, farelo tombado da mesa de um deus igual diamante para nós inescrutável. amor, cristal do sonho, sol invisível florindo teu breve corpo de luar.

EXERCÍCIO

empurre as mãos lentamente
através da pele do rio
até tocar o coração da beleza
(ruína do tempo impenetrável)

depois as retire lentamente
como se puxasse do infinito
a respiração
da criança nascendo

DISCURSO

nada existe, celebremos
a alegria.
o nascer e o morrer
não nos acontece.
só para os outros
somos espetáculo.
há vento em excesso
pelos buracos da linguagem.
um jardim muito espesso
labirinto de ideias
flocos de imagens sobre natais de fumaça.
nada existe, celebremos
aventura.
tudo se instala
o sentido esvaziou-se do oceano
praias da totalidade.
o que não existe
celebra a concretude.
é grave a pedra
a pele desgarrada
o esqueleto do silêncio.
lábios se tocam em alegria
beijo seco
jardim de séculos.
quase nenhuma fala
ninguém
mas os caminhos.
recordemos:
infância veloz

olfato de espantos
estátua ardente arfando
no sonho.
apenas não há
ninguém
mas os espaços
(apenas o já nascido
previamente ido).
infinito buraco sem tempo
celebração.

não seja tão literário
mas se homero dante a bíblia
são pura literatura
por que não escrever abismos com violinos?
(sei que minha geração
ainda uma vez ironizou
os programas do poder
os discursos literários
romantismos concretismos
panfletarismos cabotinismos
evoé nuvem cigana
saudades cacaso & ana
mais tantos que sonharam
o fim das ditaduras
naqueles roarin' 70)
e o consolo paralelo
das construções diamantinas
o la chair est triste, hélas!
et j'ai lu touts les livres
(não resolve
mas me ilumino de imenso)
última oportunidade a um cinquentão
sem poética consistente
mas com tanta vodka pela frente
(se pudéssemos estrangular deus
a branca medicina
tudo tudo
ironia na neblina)
a prosa invadiu de vez a poesia
com música ou sem melodia
o verso não mais recamará ossos
(parcas as parcas

aspérrimos verbos e este ônibus
seco)
corais de luzes dolorosas
navios do princípio do tempo
encalhados nos esqueletos sem fim
(ninguém virá na estrada para
e se vier não há mais jeito
refulgem ruíssimas retinas
o anjo se drogou todo de estrelas)
no fundo fosso a fera engole
a ferida tremenda
e no entanto a vida
entanto o sonho
(virá cantando aleluia pelo atalho
todos desconhecem o mapa mágico
rastro sagrado pedra angular
tudo se esqueceu)
última oportunidade hare
hare

CÃO

não vou mais respirar
nunca mais ordenhar
para escrever um livro.
não vou às bacantes
ao verão de vidro sobre o mar
dos diamantes.
ficarei só com meu bulldog
(nunca tive um
apenas uma gargalhada)
só com minhas pulgas
minha pele de vulcões silenciosos
esta espécie de incêndio solitário
brilho agudo
animal titânico.
(o cão rosna
e quando todos adormecem
o licor do sonho adoça o nervo da noite
mantém o invisível).
agora só vou ao poema
pela paixão a ganir nas palavras
pelo gosto de chupá-las
corpo contra corpo
cuspo na realidade.
foda-se a musa
as cordilheiras de luz
coxas de outro verão.
o tempo sempre foi impaciência.
só agora que perdi os dentes
e o rugido

descubro a contragosto meu bulldog.
mesmos acordes aleatórios
músculos violentos sobre a presa
sais do amor
ácidos da fortuna
e estamos mortos, baby.
mas fodidos assim é que brilhamos.
não quero mais harmonia
para escrever o livro.
não vou escrevê-lo.

FRAGMENTOS DA ODE ABISSAL

*a Sergio Cohn, Alexandre Ferraz
e Bruno Zeni (amigos "azougueiros")*

então o vórtice multicor de melodias,
asa fulminada de amanhecer, arrastou o espaço
aventureiro para o súbito abismo turbilhonante
a engolir os sonhos, o tempo, a paisagem revoltada.

e eram pesadelos imberbes, pedras impúberes,
uma infância de caminhos rasgados por mão
de uma feminilidade atordoada, cântico perfumado
na deliciosa manhã a se liquefazer em sexo.

um rosto de luz havia que a tudo devorava
e mudado devolvia ao precipício de aurora molhada
em aguda prata, relâmpago a incendiar a hora
do século tombar no caos das cidades de nossa alma.

esta criança dulciamara e esta sinfonia modulada
em assombros de azinhavre, tempo em toneladas
de ossos e esperanças embrulhadas pelo céu
de uma vertigem moldada em vísceras radioativas,

sofriam inconscientes as memórias esfaqueadas,
história atirada para o lixo das imagens ocas,
virtuais cadáveres sorrindo, usura, selvagens esgotos,
ritos da boçalidade pelos céus da superfície.

ah este óleo mortal escrito em máscara,
este rosto que não se sustenta na névoa

e espia das altas vidraças os poemas baldios,
construção de treva que se precipita.

chuva negra e vento demiurgo que sopram da divindade
mais profunda o nada sob universo desnudo, visão
que não se ilumina, fibras nervosas de ausência,
traço de raiva na relva escrita sem chão.

ou certas pequenas impunidades, pássaro
de galope vermelho tal um incêndio de música
no quarto crescente de teu ventre contra o mar,
mapas e genes e fluxos das danações marinhas

e os dentes daquele monstro tatuado de andorinhas
mas esquecido por fim no armazém de imagens,
melodia trancada sob a pálpebra deserta,
duro gosto de azul esquecido de apodrecer.

um aroma de lua, certas minúcias de pele,
árduos detalhes entre amanhecer e recuar
às guerras de todo o século, corpo a manar
resina terrível de verbos mortos, crânios dissipados,

canteiros onde bichos cósmicos esfregam o focinho
nebuloso, hormônios a gerarem a cor acesa do real,
a explosão de músculos, a moedura de sombras,
o esmigalhar arcanjos em meia-noite fixa, náusea eterna.

cada bomba é um coração a sair pelas ruas
no relampejar seios de água, som de flor, oh anjo
seco, espelho incriado, não me arranques as raízes
ideais de nenhuma primavera, não me arremesses

aos invisíveis espelhos onde dorme o sentido
insone do rosto no labirinto de inacessível língua,
o cataclismo do século, pedra a moer alma,
terror que os instintos renegam mas amam desesperados.

todo poema se perfaz onde não somos,
escura soma dos momentos encadeados
que se esfiaparam em ódio, compaixão, confusos
sentidos a se exaurirem nas ossarias acumuladas.

preparar a álgebra do absoluto e depor o copo vazio
sobre a mesa. cavalos-marinhos ao fundo nadam
contra a correnteza de mares inversos para a semeadura.
a terra murchou, fosforesceu, mil vezes milhões de olhos

relampejaram a natureza eviscerada em luz de rosto único.
preparar o licor absoluto, deixar o pânico zumbir
dentro das taças. tocar o instante sem memória do corpo
no obsceno tamborilar desta chuva de línguas envenenadas.

(havia o dia em que o frio do diamante sombrio
se atava ao discurso que era amnésia divina,
nuvem em chamas e restos do sacerdote tutelar,
sangue dos extermínios neste demônio diluído no ar:

pois as eras arrastam vácuos de nervos apagados,
século 20 que desaba sobre milhões de trucidados
em duas universais guerras e terrorismos esparsos,
nem há deuses que resistam a tantos horrendos fracassos.)

poema do século, sais de ouro, vagas estelares,
vanguardismos nômades & fragmentos incendiários,

mantras do espanto, venerações queimadas em agonia,
não há verbo que possa reter os espasmos das rebeldias.

tudo fluido, corpo vago, a mesma árvore árida
sob chuva espessa é carne pura de memória cega,
constelações perfumadas de esquecimento
e mais uma vez varridas pela indiferença dos ventos.

sim: bodas da complexidade para o sarcasmo do mesmo,
todos provamos dos sumos da hecatombe
global, violinos gangrenados de chuva ácida
e torres de cristal soterradas por ciclones contaminados,

todos vimos os épicos sem armas, a tragédia sem tema,
antiodes carbonizadas nas fúrias de sóis a vomitarem
secas semeaduras na terra virótica, pele plastificada,
planeta torturado até os confins do soco, estrelas

das epidemias, todos provamos das línguas tão amassadas
que nenhum decifrador alcançaria, hálitos carnívoros,
          matemática
do silêncio, borboletas enrugadas, furacões infamantes,
pois além de todos os demônios aqui estamos, aqui ainda

nos deitamos à beira de um córrego de transparência
total, vinho puro, lavoura do infinito, flutuação acima
da urina dos anjos, para que a eterna criança ainda se incline,
lábios à flor da música de um deus que arde e vai passando.

OUTRAS LITANIAS

Cidade em tijolos de sombra sulfurosa
em línguas de gangrena cabeluda
arte cuspida na luz moída dos murais

Satã, se enfureça de nossa imensa miséria

Cidade dos labirintos uivantes
delirantes vinhedos abafados
sonâmbulas epidemias & espermas filosofais

Satã, se enfureça de nossa imensa miséria

Cidade das vísceras radioativas
anjos enrabados nas neblinas
verbo sem alma os sanguinários jornais

Satã, se enfureça de nossa imensa miséria

Cidade das utopias milenares
pesadelos dos defumados arco-íris
divindades das asfixias mentais

Satã, se enfureça de nossa imensa miséria

Cidade das lepras de vidro arfante
fobias do mel desconhecido
carvão dos lunáticos hospitais

Satã, se enfureça de nossa imensa miséria

Cidade das torres e dos gases sepulcrais
esquifes de luz coxa em fumegantes natais
esqueletos floridos nas chamas de arsenais

Baudelaire, prend pitié de notre misère

VENTO NEGRO

eles virão dos subúrbios congelados
óleo expelido na música de corpos descascados
mágicas vermelhas vísceras & sementes
enterradas nos despenhadeiros do sangue
rubis de furacões paralisados
nevroses & tempestades de adagas
tesudas coxas esquartejadas
vapores da loucura formigas desmapeando cidades
uma chuva sem termos uma comunhão
de verbos torturados
palavras do sonho nos altares sem memórias
eles virão nas paranoias transcendentes
arderão nos desfiladeiros de ferro & convulsão
as babas das vidrarias os sexos iridescentes
eles virão debochados transfigurados indecentes
e as sinfonias serão arrancadas dos ossos
dos prédios onde hibernam as borboletas da treva
sentidos demolidos nos manequins do absurdo
imagens moídas nos computadores turvos
eles virão transbordados desirmanados
furacões de pesadelos tardos
sol por todos os poros a nos desinventar

DESCONHECIDO

Tudo o que está preso há de um dia se livrar.
O poema é sempre mais livre que o próprio ar.
Vejam as vozes de madeira encarceradas
em manequins sombrios nos fundos de um depósito
ou mesmo nas feéricas vitrinas onde a treva manietada
            cospe iodo.
Vejam como essas vozes de madeira se esforçam
para se safar
para caminhar nos passos de qualquer passante
que lá se vai adiante sem nada
nada notar.
Vejam a enfermeira arrancando da cama lençóis de lodo
depois que levaram o corpo para o último banho
e o quarto se trancou em escamas obsessivas.
Vejam o esforço da aurora para romper esses muros
            mofados
os olhos trancafiados na sombra até o fim dos abismos.
Vejam que a própria manhã e seus inflamados leopardos
arrasta uma corrente de repetida exaustão
por essas chamas e esses ruídos de língua nova ou de latim
de asfixiada saudade
fúria de ouro a sangrar sem idade.
Tudo o que está preso há de um dia se livrar.
O poema é sonho mais livre que o próprio sonhar.

VAN GOGH

*Que importância tinha para Van Gogh a tua
admiração? O que ele queria era a tua cumplicidade,
que tentasses olhar como ele olhava com os olhos
esfolados por um fogo heraclíteo.*
JULIO CORTÁZAR

1

textura submersa
em lodo azul e paixão
espelho visionário
contorcido em combustão
rudes retinas retinem
manhãs derretidas em paisagem
rugido de trevas represadas
acre rútila visagem

2

contaminaram-se os redemoinhos eróticos. um relâmpago
de lucidez tempestuosa canta na abóbada de ouro. ventanias a cintilarem nos músculos de rios amarelos invadem o
coração das comoções rasgadas nas pedras, oxigênio escarlate do grande envenenador a arrancar a nudez das trevas,
vagabundo dos venenos destilados em silêncios sem memória, medusas sanguíneas que digerem folhagens abissais,
clamor vulcânico nos úteros da cor, alfabeto de fomes enterradas. flores que se amaldiçoam na incandescência de anjos estuprados vertem sulfurinos clarões, pasta de meteoros
mastigados. um verde esquecido de brilhar esgravata com
garras sombrias a febre de um florescimento, lá onde qual-

quer cor se irrevela em asfixias de auroras. há ruínas de sol selvagem sobre pássaros que cagam espinhos de martírios. velhas drogas a carpirem sonhos. grossos dedos, pincel-estilete rutilante, olhar vertiginoso nas tintas da abóbada madura, sino queimando colorações. redenção.

3
junto a um muro azinhavrado
prisioneiros da cor absoluta
junto a um muro azinhavrado
a separar o cemitério de auvers
do campo aberto no inominado
junto a um muro azinhavrado
o túmulo de Vincent o túmulo de Theo
(lápides devidamente alinhadas
a ordem por fim decretada)
junto a um muro azinhavrado
a dialogarem anjos
para sempre rebelados

4
artaud vociferava ossos de luz: você, van gogh, é daqueles que destampam a verdadeira face da Natureza, um daqueles açougueiros do delírio a estripar o ventre convulso de todas as coisas, mais um daqueles que precisam, com urgência, ser fuzilado por uma sociedade enferma até o ponto de não poder ver, não conseguir perceber a flor sendo um jato de assombro maduro a deslocar céu e terra na voz deste trovão mudo, carne dramática, tumor maravilhado, fígado do ar azul, chaga das delirantes delícias que na verdade faz suar terrível escarro de afogado: toda pureza transborda lascas de infinito. portanto, precisa ser esquartejada.

5

quando o limite é rompido
e nada há
que oculte o grito
quando a verdade do homem
não cabe nos manicômios
tintas raivas armas sonhos
quando a pintura se der
na carne da tempestade
(quando nenhuma tela retiver
o arterial poema sem idade)
explodirá de repente
cântaro de luz crânio aceso
vento lustral

6

não há nada como deslizar, água de sonho, pelo coração da
fotografia e nascer para a cinzenta paisagem de vento gela-
do-pegajoso, junto ao Sena, onde Van Gogh conversa, senta-
do de costas para a câmara, com Émile Bernard, e de súbito
pressentir no vácuo (hoje pôster de escritório ou estampa
em camiseta vagabunda) a comoção, a convulsão das casas,
igrejas, hospitais, botas, camponeses, pontes chinesas, au-
torretratos de abismo, mutilações, girassóis constelados, galáxias evisceradas, tintas magnéticas, campos de alucinação
no olhar vazado em diamante escaldante, cores esmagadas,
fedor amarelo, estrondo pintado, exasperado vórtice a coa-
gular para sempre potestades no papel, você, você. (beleza,
fulgor aberto, dolorida pele de colorações viscosas, máscara
arrancada com fúria da cara exausta das coisas).

VERMEER EM DELFT

nas telas de vermeer
há sempre a chama da mesma janela
acesa na sala-ateliê
coágulo de um selo arfante
doméstica eternidade.
o fogo a jorrar da janela
derrama na cena o provisório
cor de sonho a gritar em luz infante.
a jovem com o brinco de pérola
entrevê a dama do chapéu vermelho
fulgor capturado ao tempo
e afogado em trama forte
(sonho da beleza a ressoar
nas espessuras da sorte).
carne de grisalhos ventos
súbito resfolegar de astro
e delft em pesadelo.
o fogo da tormenta não comporta
o resplendor da arquitetura morta.

GIOTTO

para Cêça

O que se faz cor em Giotto
é o risco puro a respirar assombro,
suor da beleza sem ornamento,
facada de luz.

O que se incendeia em Giotto
é a perspectiva anunciada
tal um pesadelo bíblico
na arquitetura encantada.

O que tanto espanta em Giotto
é a febre sob o cálcio,
o desatino em termo seco,
a desmesura no osso.

O que mais fascina em Giotto
são esses anjos que vomitam verbos
límpidos, lamentosos, lancinantes,
na cor do ar o diamante.

PINTURA QUE RESPIRAVA

1   sol pela vidraça ameaça
persona espia via vítreo
extravasa até o sol fumaça
opaco grito
luz às vezes verde vem
conduz ouro esguichado
tela que se agita
torta anversa porta
quase abrir-se no oco
cena avessa quando dá-se
sujo anjo que amasse
fogo invisível solfeja
entre haustos escancarados
gorgoleja sombra peersooona
um sino que em sanha sona
sol pela vidraça trapaça

2   carne pela tela cores que recamam
silêncio ou entreabrir-se em sexo
coloração morta de tanta
ausência violada: olhos
de carvão e nada: anjo
a diluir-se em clarão
ouro selvagem: agora são
ossos de fuligem a figura
esquelética nas bordas da linguagem:
(puro ar   despersonalizar)
todos se apagaram choco quiasmo

cigarras máscaras o-cas-o-caso
tela balbucia jardins de pasmo

3 sol na vidraça a explodir
infernal claridade na parede
talvez malevich no avesso: três
idênticos quadrados brancos: o primeiro
traz por título "breu branco" o segundo
"cruz branca no ângulo baixo à esquerda
e além" enquanto o último dirá
"incêndio branco em jerusalém":
luz que escorre no infinito
mastigar a tela por dentro
roupagens claras sobre pele pálida
anjo nos alvos cabelos em chamas
grito de neve verbo quimera
(terror do anjo coagulado na Queda
veneno de se escoicear Primavera)

4 esqueça a tela: o anjo
agarrado à luz que se esfacela
nuvem de vertigem: solva persona
olhos frente à tela que se grudam
vítrea retina vidraça amarela:
grito a pedra se esfolha o vento:
apague cena completa no entra e sai
de olhar se diluir cego destino
tintas silêncio em camadas desatino:
(respiração pensa
                              abismo sonha):
tudo ou nada importa
eternidade acena e morta

EM VÃO

Das formas de morrer a mais terrível
é deslizar pelo corredor do hospital
vendo na escuridão do quarto o pai
lutar em vão contra ásperos fantasmas
que secretam o lodo abominável.
Das formas de morrer a mais temível
é pressentir o mastigar inaudível
a moer em oco insano treva após treva
enquanto o ônibus derrapa na insônia
da tarde de cimento e inexorável.
Das formas de morrer a mais lúcida
é não pensar em nada não esperar
mais nada e mergulhar mãos cegas
no ventre da besta na vagina da primavera
no grito roxo e fluido do cristal.
Das formas de morrer a mais suave
é renascer de sob a neve como quem abre
as pétalas de um sol jamais extinto
sobre a pele de esvaída paisagem
tropel de lobos líquidos na voragem.

A OUTRA MORTE DE ALBERTO CAEIRO (FRAGMENTOS)

VI

Há máscaras onde haveria um rosto,
há uma pele implausível onde deveria haver
a superfície opaca ou polida de alguma coisa,
pura metáfora que são nossos pensamentos
a buscarem tocar o intangível,
então dizermos ser inútil pensar,
que o certo é estar quieto e no vento descansar.
Mas o que é viver para além do pensar
que também não seja a gargalhada
sempre atada ao mesmo inescapável pensamento?
No fundo amo profundamente a máscara
a que chamamos de rosto
e no mais pacificado desgosto digo a mim mesmo
de nunca beijar a paz,
já que haver máscara ou rosto é sopro de tanto faz.

IX

Todo amor sabe a mistério
mesmo se diga nada ser senão amor.
O velho ritornelo me incendeia as veias
aos pés de teu fulgor tão sempre amante
para acender a dança do eterno verso
vazado na flor de um diamante.
E vamos ao altar das coisas insabidas
para gritar que tudo conhecemos no abrir olhos
sobre paisagens escondidas.

A impermanência esfaqueia a impaciência
e o rio se arrasta para além de uma aérea ciência.
Entanto aqui estamos, aqui permanecemos
no corpo de tanta poeira que do corpo se levanta
em ausência de voz que inutilmente canta.
Todo amor sabe a enigma
todo o tempo puro minério sem mina.
Pobres fantasmas, pobres sinas
dissipadas no ar que assassina.

XI

Por isso toda flor enlouquece
e os espelhos já não podem refleti-la
uma vez que a morte é para sempre.
Por que nos acenderam nesta redoma gelada
de mar e sexo e sol taciturno
para depois nos enfiarem pelas goelas de um cristal de sal
até o esfriamento
o desaparecimento absoluto?
Toda flor enlouquece porque não há despertar.
Nascemos para o sono no fundo arcano do fogo
e obscenos sonhos no intervalo dissoluto.
Tão absurdamente maduros para a gargalhada da ausência.
Por isso vaginas enlouquecem
(falos já estão fora do prumo
nos cósmicos faunos sem rumo)
e nunca será bastante tocar a flor transtornada.
Estúpido fim de qualquer jornada
a flor morde para sempre a inaceitável tarde.

XVI

É um carrossel de espantos que enfim gira por tanta vida
na certeza fria de que as mesmas vozes se guardarão
na concha de cada ouvido até a surdez do esganar
o tempo por vazias algaravias.
Tudo por conta do carrossel que nos gira
quando para os pés é não haver possível via
a conduzir qualquer certeza ao princípio
onde morte estremece.
Este estremunhar-se da morte é quanto gritamos
a vida embarcada em carrossel desde sempre em despedida.
E é um carrossel vazio.
Quando antes havia carne ainda reinava alguma alegria
ou rascunhos de alguns risos que testemunhávamos calados.
Hoje é carrossel todo em sombras
brinquedos aos pedaços
machucados.
Aguardamos a família morta nas filas secas do parque.
O chão está limpo e a tarde estende tapetes de cerimônias.
É um carrossel sem alardes.

XXI

Sempre gostei desta piada
que serve à maravilha
para evitarmos dar outra volta ao parafuso.
Sherlock Holmes e Dr. Watson vão acampar.
Montam a barraca e, depois de boa refeição, bom vinho
e um papo bem relaxado,
deitam-se para dormir.
Algumas horas depois, Holmes desperta e cutuca

o fiel amigo:
Caro Watson, acorde, olhe para cima e diga-me o que vê.
Intrigado e ainda estremunhado, Watson responde:
Vejo milhares de estrelas.
Holmes então pergunta: E o que isso significa?
Watson pondera e a seguir enumera:
Astronomicamente, significa que há milhões de milhões
de galáxias e bilhões de bilhões de estrelas e planetas;
astrologicamente, observo que Saturno está em Leão
e teremos um dia de sorte;
temporalmente, deduzo que são aproximadamente 3:15h
pela posição da Estrela Polar;
teologicamente, posso sentir que Deus é todo-poderoso
e que somos por completo insignificantes;
meteorologicamente, suspeito que teremos
lindo dia pela manhã.
Correto?
Holmes fica um minuto em silêncio, antes de responder:
Watson, significa apenas que alguém roubou
        nossa barraca!

Ou seja: talvez as coisas sejam mesmo mais simples
do que nossa imensa capacidade de complicá-las.
Fecho as janelas e vou me deitar
com esse difuso mal-estar
por não querer pensar em nada.

XLIX

Foi quando sonhei que escrevia
uma outra morte para Caeiro
diversa daquela que Pessoa

imaginou e outros escritores ficcionaram
por todos esses longos tempos
em que lemos um guardador de rebanhos
que nunca foram guardados
e que voaram na imaginação
por improvável estação
esquecida dos frutos que deveriam brotar.
Talvez o que mate Caeiro
seja só o desconforto
de não conseguir segui-lo
neste meu caminho torto.
(De certa forma já em Álvaro
de Campos ele seguia morto.)
No mais
qualquer criação é nada
pois dos deuses a fala vazia
apaga cada sombra na estrada.
Nem sei se ainda devia
insistir na poesia
que por tudo arde tão tarde.
Amor que sentimos no que não há,
por isso tratamos de ainda pensar
que se tudo é ar
– e menos que ar –
quem sabe a sabedoria
seja só deixar passar
o mesmo eterno rebanho
que de tanto inexistir é forma perfeita de sentir.
Pois o que comigo não trago
faz-se amar o mundo vago.

DOS TÍMPANOS DE PEDRA

Se qualquer verso de qualquer poema
é idêntico a uma ruína, a um desconforto no estômago,
ao sol que cai e retorna tal um carrossel idiota,
igual a uma ejaculação, a um vinho lunado, a um pássaro
      vermelho
que esperamos pousar em nossa janela e não aparece nem
      espuma,
ou se aparece não quer dizer coisa alguma,
se qualquer verso é qual a surdez de Beethoven
na cova ou quando compunha a última sinfonia,
certo é que nossa morte não terá tanta importância,
a não ser pelo trabalho que daremos,
um jogar o inferno com o lixo fora,
tudo tão surdo
quanto uma tanajura sem cabeça,
e mesmo durante a vida
será que alguém acaso conseguiu ouvir algo semelhante
ao gemido de um anjo, ao bramido do inexistente,
se qualquer verso de qualquer poema é apenas
uma forma desesperada de se dizer o indizível,
couraça dos loucos, demência dos sadios,
junto a essa sensação de lascas de beterrabas
enterradas até no fundo dos ouvidos.

DE BIOGRAFIAS URBANAS

> Come chocolates!
> Olha que não há mais metafísica no mundo
>   senão chocolates.
> Olha que as religiões todas não ensinam
>   mais que a confeitaria.
> Come, pequena suja, come!
> Pudesse eu comer chocolates com a mesma
>   verdade com que comes!
> ÁLVARO DE CAMPOS (in "Tabacaria")

Fico a pensar por que diabos alguém consegue escrever
um poema igual a "Tabacaria", algo acima das forças
e dos vermes que roerão qualquer dessas carnes inúteis
se não forem antes tostadas em algum forno crematório
e todo o pó colocado a girar sobre os versos exaustos
deste poema simplesmente do caralho, e por não poder
escrever nada que lhe consiga arranhar os pés
sigo a rolar rua abaixo na tarde feita de abismos
para se beber uma cerveja por cima dos absurdos buracos
onde não há nada, nenhum poema a ser lido
daqui a não sei quantos séculos sob o suspiro
de ser um poema absolutamente do caralho,
enquanto sopra um vento ou uma lua
sobre as sombras de uns cães ressecados há milênios,
do mesmo jeito que me dou conta de não mais
me recordar de verso algum da "Tabacaria"
além da sensação de ser nada, porra nenhuma de nada,
ou entrar de modo triunfal no bar para sorver
a cerveja sem metafísica, boca deserta

sem versos, sem luas e logo na esquina o labirinto.
É quando penso como é que se há de ficar sem ler
um poema igual a "Tabacaria", e regresso aos pulos
por sobre abismos e uivos para a eterna tarde
em que alguma pessoa rasgou de vez um delírio
do porte desta "Tabacaria", lá nas paragens remotas
das luzes mofadas em que se bebe silêncio, mudez
anterior aos espaços, nudez que jamais pertenceu a nenhuma
árvore que arde o alto vazio de ouro em estilhaços.

ESTRELAS QUEBRADAS

Estrelas quebradas ressoavam
em mar de vácuo
bramido calado
sono de lava
por verdes máquinas o éter
lábios mofados.
Tatuado em sonho e água
seguia Sem Nome
o que não era
mas queimava feito brasa escoiceada
escorpião de negra têmpera
cremado.
O corpo era o absurdo anjo
de antes das eras.
O sal da boca o vinagre das fezes
espanto ardido em hospícios de flores
esse maremoto de nomes cambaleantes
velhos sinais arrancados das palavras
enterrados nas súbitas floras do invisível.
E como caía sobre nós
a escura certeza de que as palavras se teceram
para nomear o inominável
os cantos de todos os pássaros
cobriam os telhados dos templos atemporais
choviam em sílabas douradas
traduzidas neste nome insólito
Heroz ou coisa feroz alucinada
nomeação de nosso herói Sem Nome
Sem Face

abstruso desenho de sombras impronunciáveis.
Heroz seguia na busca de escapar do labirinto
não o labirinto em Creta ou no deserto de Borges
não o labirinto das galáxias inflacionárias
quântico turbilhão de partículas frente ao nada
Sem Face perseguia o dorso de trigo da aurora
o inefável caminho que os monges perpetraram
para beber o amor na água do silêncio
lá onde o destino dos pássaros não são cantos ressequidos
nem revoada de ossos
mas quem sabe o cântaro pleno de verdade
de sonho
tentáculos azuis entre as pernas da amada
do grito.
No jardim onde o tempo desistia de saber
o grilo preenchia de música o oco da pedra
cigarra a perfurar o oco da árvore
logo nesse jardim em que astros apodreciam
enormes.
Narram que Heroz perdeu o rosto
quando a própria nomeação se queimou
em um ciclone de violinos.
Há que se perceber que em todo movimento vivo
os mortos gargalham corações de gangrena
e o amor só refloresce no cristalino vento
quando a lesma imêmore se arrasta
no musgo que jamais apodrecerá.
Um ciclone de violinos
violentam sumos de verbos masculinos
femininos
infância da música em agonizante universo.
E por detrás a mistura das ruínas

o engendramento e os sinais dos confins
esta lepra imóvel em renascer jardim.
Heroz ardia envoi RVUR
ROUO cavalos sonoros
ave aterrada no rasgo gruivo vazio
planeta impensável
REUVA UVRO verbos multíparos
prenhes mugem magnéticos
fhruteu despalavrou
aurorar da morte
ó tumba em sorte
neblina desmemória gela
quanto sirrevela
RHELA URV RAIVOU
vesgo vácuo finar friou.
Este constructo
este ensaio morto desde sempre
é vida Sem Rosto
face comida de abelhas na catástrofe da luz
raiz de inalcançável ânsia
onde Heroz explodia o canto
este canto de ser fezes da aurora
olhos a se descerrarem para o esqueleto do grito.
Há muito Heroz largara nos olhos da voragem
essas vazias experiências de linguagem
pois ardia oco intransponível
no fogo gelado dos violinos.
Um trobar clus soterrado
pela cal envenenada em fósforos salinos.
E se Heroz era Sem Nome
também as cidades se esqueceram do fogo
arquitetura limpa das manhãs.

Evanescer-se de nuvens delirantes
cimento feito das peles despegadas no incêndio
frutos de implausíveis sementes.
Inútil repelir os mortos.
Sem Face trazia no buraco do rosto
a voragem de engulhos de ouro
Saturnos cravados no carvão áspero do tempo.
O corpo era sempre a viagem
essa cratera sangrante com coroas de espanto
em torno da inexistência.
Você poderá gritar uivar ganir
a morte não deixará rastro sobre rastro
e a viagem de Heroz um nó de silêncios
apedrejados.
Sem Nome avançará então ao coração do enigma.
Arrancará as carnes que a tudo amordaçam
para tocar a paisagem de lobos incógnitos
primaveras apunhaladas nos jardins sacrificados
cores cuspidas para fora da luz
da vida.
Um dia Heroz deixou o silêncio
escorrer na retina
que não havia
                    que perseguia um rosto
igual pressentir o barco no hálito escuro
na cintura doce da flor evanescente.
Um dia era a selvagem palmeira
do esquecimento a boiar em diamante úmido
no olhar
esvoaçar de harpas nas espumas
nos degredos
nos cegos espelhos onde doía tão funda a noite.

Um dia nunca após o outro.
Pulmão de ouro que refaz o absoluto.
É que Heroz se fazia mulher macia
roseiral de sombras no sexo incandescido
manancial escarlate na pele do amanhecer.
Uma mulher é sempre o trigo de vida
depois da morte surpreender.
Uma ilha de respiração sombria.
Lá vão ter os barcos da aguda viagem
lá colheremos os aéreos testículos do cio
desejos esculpidos nas algas do vozerio
cometas derramados em rosas e vazios.
Lá seremos abandonados
náufragos de uma mulher imensa
pedra feminina até os confins do espírito
resumo das águas e das despedidas.
Tocar a tua carne é tocar o cheiro da terra
tudo se tinge de relâmpago enfeitiçado.
Náufragos da mulher de um respirar de mundos.
Heroz conversava na língua das viagens
embuçado na surdina em que pássaros se apagavam.
Tocava o rubro licor da rosa.
Aquele jeito próprio de se saber mulher.
Doar o fogo sem pensar nos precipícios.
A caça do amor tal um golpe de estrelas.
Menstruação das catedrais do incêndio
orgasmos nas livres resinas da tempestade.
Sem Face prosseguia para além das idades
corpos condenados à viagem sem nenhuma piedade.
Era preciso encostar o rosto
no madeirame insone de cada embarcação
e por não haver nome ou rosto

Heroz balbuciava palavras que eram crianças
esquecidas
salsugens submergidas sob a pele indócil
da inexistência.
Se era outubro ou janeiro Heroz não confiava
tempo é esta plantação de canteiros sem terra
espelho que fosse uma abstração de sombra.
Deliramos nos frios arquipélagos sem memória.
Ó espessa melancolia das fontes despedaçadas.
Heroz balbuciava geometrias sem valia
oblíquo retrato da imagem esquecer cada palavra.
Uma névoa cerrada de relâmpagos
ensinava o caminho no mar de outras vidas.
Solidão extrema
                    homem-ilha
por que te abismas Senhor nesses estúpidos abismos?
Não há outro modo fora das palavras
respondia Heroz do outro lado de tudo
noz feroz nas gargantas do dia
em que a embarcação irrompia
harpas no arpoar harpias.
Onde estás se te perdias?
Com que voz a fala esvazia?
Cantar vem do fundo de cada átomo
concha caracol cacofonia
atravessa o cego o mar o escolho
sobe as escadarias líquidas do som
para desaguar no corpo lavado nas brumas
do assombro do escombro do vigor
ausência empós amor.
Canto maduro nas vísceras do desastre
deixai que reluzam salivas do imaginário.

Este o labirinto quando tudo se iluminasse
e nada restasse nas oficinas caladas.
Rigor da permanência.
Ricto de essência assassinada.
Ah levitar os úmidos arpejos sem tempo.
Leve barco a nos levar à loucura lúcida
sono assoprado pelas estrelas e numes.
Os poros do silêncio sabem inexistência.
Sem Nome assumia o comando da barca
atravessava as urtigas da noite
a urina intensa do mar de treva branca
amor de um lado morte de outro
o respirar no meio entre coagulações violentas.
E soprar bem alto as constelações
grito cambaleante de quem jamais despertará
o rosto a cantar a noite
poça de mercúrios mortos.
Viria de que domínios a força demente
para respirar vazio
barco nas corredeiras dos verbos despenhados?
Se tudo se esvazia
talvez restasse a mínima imagem
mínima atenção sobre essas águas quebradas.
Heroz sabia ser a última viagem
violino a cambalear por ventos feitos folhagem.
O areal descia ranhento coração adentro
moscas fediam no sul dos areais repelentes
nenhuma maravilha feria o real sem mapas
geladas torturas nas articulações imundas
um tempo emurchecido em salamandras arruinadas
Heroz escapava pelas frestas das fomes e degredos
bandeiras dessas pátrias em pus e asco azedo

Sem Face a sonhar cores escorridas do ar
quilha da embarcação no rasgar estações
proa em loa voa verde vertigem entoa
Sem Nome retornava da viagem sísmica
vulcão aderido à plena atenção do poema
nas palavras as viagens sempre soluçam forte
sacodem plataformas de quebrados ventos
estrelas rachadas nos estandartes do ódio
Heroz em hercúleo labirinto
[no centro do labirinto arderia o sopro divino
ou a fluida palavra destino?]
lambe ouro purulento de jardins extintos
poemas todos apagados para o princípio do canto
pássaros nos torvelinhos brancos
brancura da cal o espírito esfuziante do dia
corpo coberto por fulvas vulvas da agonia
pois bastaria um nome para o universo se acender
jamais o inesgotável círculo no dédalo do silêncio
quando os reinos esquecem o fôlego
e seguem inúteis pegadas de negros milênios
Heroz a erguer a taça atroz o ânus da estrela
astro apunhalado pelas sementes das palavras
que nunca serão desenhadas
nem nada jamais importaria
amanhã seremos ventos que fomos crianças
anteriores aos cósmicos respiradouros
e um esqueleto transparente virá velar
tantas memórias que se põem a sangrar
esta recusa esta sede da pedra esta impaciência
itinerário repetido nas águas
sufocado de inexistência.

CANTAR DE LABIRINTO

Retomar quisera o canto não fora a morte
colocar tantas facas sobre as minhas vértebras,
fazer-me tossir, todo me lembrar dos risos
que se foram, festas maldormidas, lembranças
de opacos ninhos, familiares, mas ocos,
sempre infantes, fluxos vacantes, rumos poucos.

Em cada poema, além ou aquém, neste ou em outro
tempo, a lira de Orfeu faz mover verdes pétalas
de vento, cada poema, escrito ou dito há séculos,
vago espetáculo, flui vazio, orvalho
negro de mar esgotado, contudo viagem
que Orfeu delira, torvelinho de miragens.

É sempre assim o desatino; desde o primo
verso o canto de Orfeu sobrenadava ao fundo
em suas capas de música e solstícios líricos,
e cada poeta a copiar ritmos e imagens
com que o poema fluía de magas palavras,
aurora do canto que em vertigens se aureola.

O amplo espectro da epopeia no ar germinava
e a repetição musical de cada verso
grasnava na memória secas aventuras
em que heróis ruminavam mitos,
centelha de ser febres e nobres batalhas
acesa em mundos órficos, graves ritos.

Pois vinham dos mares gravados de indolências

violetas águas, ares de mercúrio, nau
de proa aberta em tempestade, heróis acerbos
no entoar o verde canto de suplantar sereias
a se retorcerem em orgias e demências,
fumos de cristais a sufocarem verbos.

Quem narra histórias desse jaez, espesso incêndio
entre remotas vagas, corpos nos abismos
oceânicos, sereias que vão copulando
na espessura do sonho, quem narra essas fábulas,
esses erotismos errantes, águas mágicas
que perseguem gritos de amor paralisados?

De onde vêm essas melodias tão maviosas
a encantarem os marujos, de que harmonias
fluem os sons que despertam gerações de humanos
verbos pelo tempo adiante senão dos lábios
encantados de Orfeu? Ó divino instrutor
que das trevas lança por tudo a luz do canto.

Narrativas há que mudam Orfeu
no mais belo dos humanos, ora anoitecido
no iodo a percutir sombras de Eurídice;
e por só Eurídice ansiar, e sempre musicar,
as Mênades enfurecidas, ao se verem
repelidas, em pedaços o irão cortar.

Semeador de coisas idas, ciclos fanados,
cravejados por despedidas a reunirem
esqueletos e avenas, ossuários e apenas
restos de recônditos violoncelos, vagos
violões estilhaçados nas rocas, gargantas

destroçadas, sons corrompidos, lírios idos.

Ocorrera há séculos que também Virgílio
se encantara dos sopros de Orfeu, ouvira
seus instrumentos de abismos, riscara versos
para a glória de toda a Roma, vozes, aves,
horizontes milenares que iluminantes
se abriram em altos percursos levantados.

E não fora Dante quem chamara o augusto
poeta para o guiar pelas chamas do inferno,
dimensão que a tudo desfigura no diluir
esperança, Dante empurrado pela voz
de um Orfeu inacessível, aceso em oráculo
invisível, terrores que chovem sobre nós?

Que de outro modo em Camões se descortina
o canto dos portugueses por mares nunca
antes percorridos, terras e ilhas que se seguem
perseguidas, reinos fundados, sóis abertos
por Vasco da Gama e heroicos marinheiros
excelsamente musicados em barrocos versos.

Quem sabe conversamos vagos alquimistas
que ao fundo tangem pássaros de bruma, sopram
rudes cornamusas, aspergem esses metais
a serem transmudados em poesia sob pálpebras
de flores, ventanias escaldantes em sólida
vertigem, hino imóvel, canto malferido.

Contudo quem de fato ao vento se conhece
se as faces são máscaras de urzes e de pragas?

Relemos os antigos poemas e quedamos
às portas dessas cavernas a esmo talhadas,
quem sabe a escutar as vozes descarnadas
e a perseguir nas sombras o éter que nos mata.

Ou se por tudo no entardecer da Provença
chovia em luz, vidro liquefeito, refeito
no cristal a escorrer por sempre luz, luz, luz.
Entardecer da Provença, flamas, as chuvas
flamejantes, havia sol avesso que não chovia,
ou que por tudo se perdia, osso que reluzia.

Tudo lá cintilava, o pouco que existia
era água macia, acolá um rio todo negro,
as coisas ondulando; era o músculo d'água,
eram escamas douradas, pestanejavam
fontes obscuras, o sol se recusava
a chover, pétalas líquidas cintilavam.

A Provença era um sol que não morria, vagavam
estranhos barcos a levarem leves ninfas
até o encontro de rio e mar, imenso fulgor
a saltar da melopeia, folha, flor, os sais
em golpes de som nas arcadas, nos rochedos,
transparentes oceanos, musicais provençais.

Quem se infiltrava na carne de tanta dança
não fosse o alto Orfeu, bailados cristalizados?
Quem acenderia passo a passo o céu do canto,
movimento a atravessar séculos insones?
Todos os poemas se armam nessas raras tramas
que vêm brilhar no verde aroma dessas ramas.

De onde olhares é sempre a mesma encantação.
Poemas se povoam de arco-íris, da superna
canção que flore os ares, os seres paráclitos
existem, gaitas de fole vibram em chamas
e delírios, sons e suores, versos puxados
pelos cabelos, demências, árias profanas.

No mais os cúmplices do abismo, um estertorar
de atonais crepúsculos, havia em cada luto
esta ausência intacta, este lábio que não
se abre, imenso timbre que se desconhece,
pois aguardamos sempre, senhor, o mando nado
dentre divinos textos, holofotes claros.

Quem sabe dizer de um perdido paraíso
que Milton sonhou e fixou, solista animado
por vagas ascendências, primeiro Satã,
arcanjo da manhã que nos céus se rebelou
movido pelo orgulho ferido e a revolta
contra os desígnios da luz de um Ser Supremo.

Então já lançado aos ínferos universos,
Satã, travestido na sibilante serpente,
a Eva dirigiu conversa insana, pois que
fazer contra este Deus despótico senão
desobedecê-lo, e tocar, morder o fruto
proibido, e assim tornar-se livre, leve ave.

Consumado o ato e perdido o paraíso,
restou a Eva seduzir Adão por seguir-lhe
os passos, e Adão, cegado em amor neste

cavalheiresco enlace, irá provar no fruto
delicioso pecado, e quando assim da Queda
consumada o humano destino em luto se traçou.

Este o mito a que Milton fogo soprou, acesos
verbos a se fixarem na memória, valor
extremo de bíblicos riscados, temporais
varrendo para o inferno causadas palavras
que ainda se imaginavam valorosas, cegas
embora no cantar tormentas e derrotas.

Mas de sexo não se falou, e por tempo afora
subtendida restou a imagem de corpos
enroscados em delirante gozo, fruto
carnal que até nós chegou, rija arquitetura
de paixão proibida, pois desse modo obscuro
se fez do sexo cuspo e culpa, breu impuro.

(Contudo, de que forma largar a obscura
presença de Lilith, mulher criada anterior
a Eva, e com quem Adão copulou e a quem Deus
expulsou da História por sua autossuficiência,
desvairada Lilith de olhos de relâmpagos
que até Satã esqueceu, treva inexistida?).

E permanecemos condenados ao humano
tempo, transfigurados seres visionários
à espera da vaga se alçar do mar escuro
para a todos arrastar por essas fanadas
areias a empilharem ossos, duros destroços
que se enroscam sob o manto da escuridão.

Epopeias continuadas narram toda sorte
de aventuras, dores, paixões, monstros alados,
amplidões com que o homem segue tecendo amantes
inspirações recompostas em vozes de ouro,
flamantes poetas nos carvões do sol por sempre
acendido, quanto cantante é luz sonora.

Ficamos por fim com as vozes misturadas
nessas modernas epopeias que não revelam
mais murmurantes destinos da humana lida,
sim confusos sinais, rubras abstrações
com que seguimos as pegadas nos desertos
e nada temos além de exaustos signos.

Confundimos as noites com tristes lilases
ou o dia com o branco solilóquio, digitais
sem os dedos para o drama, palavras sem
as marcas do poema, estamos nus em pelo
nos caminhos da memória, jamais sonhados,
no entanto vivos entre glórias e desastres.

(Cristal de música faz a lírica de Orfeu
ser sem par; não viria assim da lira os supernos
versos impressos na carne por todo o tempo,
sopro de amor e morte, fábula sem fim
a coroar em verbos de fogo este instante
da rosa florar eterna em extintos jardins?).

Os incêndios por certo jamais bastaram
e holocaustos se esvaíram antes das negras
nuvens, templos arremessados; tormentosos
ventos então precipitaram os braseiros,

os vozerios, balbúrdias que acompanham esses
cantos de línguas cortadas, babas sangrando.

Tudo em sacrifícios sem mensagens, os soltos
planetas desfeitos, secos versos por tudo
desabados, árvores sobre tumbas, tumbas
a grassarem sombras esquecidas, as múmias
que então saltam dos casulos, bestas ardentes
a invadirem os ares no caos deste poema.

Pois onde se esconderam as musas, as macias
musas que todos sonharam nesse navegar
mares que não mais existem? Para onde voaram,
para que bodas sem as flores, sem os versos
repercutidos, gumes de ouro sem o brilho,
musa cega e muda, sanguíneos torvelinhos.

Por isso seguimos as legiões. O que são elas?
Não sabemos, nunca soubemos. Mas sigamos
no esquecer esses somenos, as tempestades
que não trazem águas nem raios, urzes caladas
no fundo do poço onde a luz não alcança
os olhos que não podem ler, planger canções.

Vamos atrás das legiões. Seriam nuvens sonoras
ou rochas por detrás, além da escuridão?
Há um furor de pássaros torturados, fedor
de jardins não germinados, plantas, quimeras
misturadas aos cantores de Orfeu, mas aos
pedaços, mundos de hoje imóveis, flores de aço.

Tudo amassado por blocos de ferros azuis,
fantasmas que se esgueiram sem as luzes próprias,

as liras perdidas, astros ensurdecidos,
e as distâncias, árduas distâncias do sem-fim,
garganta galopante, ó verbos de nervos, mas primavera
ferida a ondular abismos, carnações primevas.

Hoje que poemas se tecem assim? Quais histórias
narram, onde as trilhas das sagas, que espetáculos
se ocultam por detrás de criptas e estrondos?
Os hiatos percorrem o infinito, transidos
de um frio que não finda, bocas selvagens,
teatros defuntos para além de imagens.

O sol depositou essas cascas de perfumes
sobre a pedra; mais de perto eram estrídulos,
ruídos de andorinhas ressecadas, nada
sobre nada; mais à distância estrelas órficas
se esqueciam nas águas do Letes, incorpóreas
cerimônias, flamas em espanto de tão aéreas.

Mas não falemos só de ventos desterrados.
Há solidões, sei, cobertas de garras mortas,
mas de onde pulsam lúmens de esperanças, rotas
de águas multicores que do inominado urdem navios
para o eterno périplo da magia, singular
viagem, mar no rumo de altiplanos da poesia.

Que os vocábulos nunca bastam. Expungidas
melodias se enlaçam no infinito jogo imaginado,
lirismo em cada tempo, em cada incinerado
cosmo onde o poeta ardeu rupestre porto.
Sonho, golfo verbal, canto maduro.
Sanha, caos irreal, ó canto impuro.

ENTREVISTA
COM AFONSO HENRIQUES NETO

por Sergio Cohn e Italo Diblasi
Cosme Velho, Rio de Janeiro, 2017

Afonso, existe uma questão fundamental na sua trajetória que é a profunda relação da sua família com a literatura. Acredito que podemos começar com você nos falando sobre quem são os Guimaraens.

A história é longa. O primeiro escritor da família foi o pai de Bernardo Guimarães, o poeta João Joaquim da Silva Guimarães, nascido no século 18. Contudo, pode-se dizer que Bernardo é o primeiro grande escritor da família, tendo ficado bastante conhecido na condição de autor do romance *A escrava Isaura*. Foi um poeta romântico e romancista reconhecido que dispensa apresentações, nascido em 1825 em Ouro Preto, Minas Gerais. Ele ficou famoso também pelos poemas satíricos, sendo o principal "O elixir do pajé". Dois de seus irmãos foram escritores. Teve oito filhos, sendo três igualmente escritores. Bernardo Guimarães era tio-avô do poeta simbolista Alphonsus de Guimaraens, meu avô, que também não precisa de apresentação, na condição de clássico da poesia em língua portuguesa, autor de poemas que constam em qualquer antologia da poesia brasileira, como é o caso do conhecido poema "Ismália". Alphonsus tinha por nome civil Afonso Henriques da Costa Guimarães (seu pai, Albino, era português nascido na aldeia de Cepães, próxima de Guimarães), mas passou a adotar literariamente o nome latinizado, que será usado pela família daí por diante. É interessante mencionar que um dos irmãos de Alphonsus de

Guimaraens também foi poeta e latinizou da mesma forma o nome, assinando-se Archangelus de Guimaraens.

De Alphonsus prossegue até os dias de hoje, em linha bem direta, essa espécie de dinastia literária na minha família. Dentre os quinze filhos que Alphonsus teve com minha avó Zenaide, dois se tornaram escritores renomados: João Alphonsus, que pela idade pertencia à mesma geração de Carlos Drummond de Andrade, de Pedro Nava, aquela turma modernista de Belo Horizonte. Embora escrevesse poesia, ficou mais conhecido como prosador, pelos seus contos e romances. E o meu pai, Alphonsus de Guimaraens Filho, cujo nome civil é Afonso Henriques de Guimaraens Filho, que também se tornou poeta reconhecido que dispensa apresentação. Chego então a mim (meu nome completo é Afonso Henriques de Guimaraens Neto; sempre achei curiosa a coincidência de, no meio de tanta gente da família, os três Afonso Henriques, pois não há outros, serem poetas: meu avô, meu pai e eu).

Porém, a dinastia prossegue com uma novíssima geração em plena marcha: o poeta e artista visual Domingos Guimaraens, meu sobrinho, filho de meu irmão, o artista visual Luiz Alphonsus; Lucas Guimaraens, primo de segundo grau, e Augusto Guimaraens Cavalcanti, outro sobrinho, filho de minha irmã Dinah Tereza Papi de Guimaraens, arquiteta e antropóloga com muitos artigos e livros publicados. Esses três novíssimos poetas já possuem livros na praça. Às vezes penso ser tudo isso uma espécie de vírus literário a percorrer a família desde o final do século 18. Ou quem sabe seja possível explicar pela genética, apesar de ser caso único na literatura brasileira. O fato é que essa propensão para as letras sempre foi algo muito presente na família ao longo de todo esse tempo.

Você nasceu em Belo Horizonte, mas cresceu no Rio de Janeiro e em Brasília. Como foi isso?

Eu nasci em Belo Horizonte e talvez nunca tivesse saído de lá se o meu pai não houvesse se tornado, no início da década de 1950, oficial de gabinete do então governador do estado de Minas Gerais, Juscelino Kubitschek de Oliveira. Quando Juscelino se candidatou à Presidência da República em 1955, nós viemos para o Rio de Janeiro participar da campanha. Naquele tempo meu pai sempre dizia que se JK, como era chamado, perdesse a eleição todos nós voltaríamos para Minas. Então ficamos na expectativa. Mas JK venceu e nós nos fixamos no Rio de Janeiro, morando em Laranjeiras. Só que Juscelino imediatamente começou a construir Brasília. Então, quando o presidente transfere a capital em 1960, segui com minha família para a nova cidade. Meu pai não só continuou a trabalhar com Juscelino até o final do mandato, como atuava na condição de Procurador no Tribunal de Contas da União. Então, foi isso. Morei cinco anos no Rio, no período JK, fiz o colégio aqui, e segui depois para Brasília. Quando cheguei à nova capital, estava com 16 anos. Vivi 11 anos em Brasília nos tempos ditos "heroicos" do início da cidade, fiz a universidade lá, e retornei ao Rio de Janeiro em princípios de 1972.

Mas, antes de falar sobre Brasília, no Rio de Janeiro o seu pai fazia parte de um círculo dos grandes poetas da época, que tinha Drummond, Manuel Bandeira e tantos outros... Como foi conviver com eles durante a sua adolescência?

Pois é, ter um pai poeta de qualidade, e que gostava de ler boa poesia para os filhos, foi muito importante na minha formação. Mas tenho que iniciar pela descoberta da poesia do meu avô quando ainda era adolescente. Comecei, naquele tempo, a fazer poemas pastichados, simbolistas. Eram poemas obviamente muito ruins, mas que foram importantes em termos de exercício. E foi nessa época também que comecei a conhecer esses escritores importantes, amigos de meu pai. O Manuel Bandeira era padrinho de casamento dos meus pais, e sempre manteve forte ligação com a minha família. E dado que Bandeira era uma pessoa muito só – teve diversas namoradas, mas não se casou –, ele nunca deixou de se relacionar fortemente com os amigos. Minha mãe tinha o costume de em determinados fins de semana fazer um almoço para receber o Bandeira. Eu tinha uns 14, 15 anos, e lembro bem dele em minha casa. Também recordo de uma visita ao apartamento de Bandeira com meu pai.

E havia os demais escritores. A Cecília Meireles nos visitava desde quando morávamos em Belo Horizonte. Ela era muito amiga do meu pai, e sempre que passava por Belo Horizonte no caminho de Ouro Preto, no tempo em que escrevia o notável livro *Romanceiro da Inconfidência*, nunca deixou de visitar a gente. Nos álbuns de retratos da família existe uma foto que gosto muito, eu com cinco ou seis anos de idade entre Cecília e minha mãe, Himirene Papi de Guimaraens. Mais tarde, no Rio de Janeiro, já adolescente, estive na casa de Cecília com meu pai. É bom lembrar nesse ponto que o sobrenome Papi de minha mãe vem de meu avô materno que era italiano, o Domingos Papi. Um filho dele, meu tio Luiz Francisco Papi, é também conhecido poeta, de conotação marcadamente social, com quem meu pai e eu próprio mantivemos sempre estreita ligação.

Além disso, havia o Carlos Drummond de Andrade, que talvez fosse o amigo do meu pai mais constante em termos de conversas. Eles se falavam várias vezes na semana por telefone. Era um contato muito estreito, forte.

Drummond sempre que desejava conversar sobre as coisas da vida procurava meu pai, do mesmo jeito que meu pai sempre falava com ele sobre qualquer tipo de problema ou para comentar o que fosse. Trocavam confidências. Por várias vezes estivemos na casa dele, com minha mãe e meus irmãos. Enfim, havia essa amizade. Drummond na intimidade não era aquele urso que diziam, de cara fechada, de olhos baixos... Era divertidíssimo. Falador, contava casos, a gente se divertia muito. Era uma ótima figura entre amigos. Se chegasse uma pessoa de fora era comum ele se trancar. Mas com gente de sua intimidade era sempre conversa bem relaxada.

Outra figura amiga foi o Pedro Nava. Fazia parte desse grupo dos mineiros, que eram muito unidos. Posso mencionar também a Henriqueta Lisboa e o Cyro dos Anjos. Meu pai só não teve uma convivência mais estreita com os mineiros da geração dele. Isso é interessante. Quando meu pai era solteiro em Belo Horizonte, andava bastante com Paulo Mendes Campos, Fernando Sabino, Otto Lara Resende e Hélio Pellegrino, "os quatro cavaleiros do apocalipse", como ficaram conhecidos. Eu tenho fotografias do meu pai com eles no início da década de 1940, em Belo Horizonte, quando tinham vinte e poucos anos. Mas, no Rio de Janeiro, meu pai conviveu mais com a geração anterior, de Drummond e Nava.

Tenho que citar, por último, Mário de Andrade, que foi um importante amigo de meu pai. É bom lembrar que Mário, bem jovem, visitou meu avô na cidade de Mariana, Minas Gerais, em 1919, nascendo ali a estreita amizade que manteve com a minha família por toda a vida. Existe, aliás, um belo poema de Carlos Drummond de Andrade sobre essa visita de Mário a Alphonsus de Guimaraens. Não conheci Mário, é óbvio, pois ele faleceu em 1945, quando eu tinha um ano de idade. Mas, pouco antes de morrer, esteve em Belo Horizonte e, segundo depoimento de meu pai, fez questão de me ver no berço. Disse a meu pai que não voltaria para São Paulo sem conhecer a terceira geração dos Guimaraens. Me emociona até hoje imaginar a presença de Mário de Andrade em volta de meu berço.

Então, quando você muda para Brasília, já está se aventurando pela poesia, certo? Qual foi a contaminação desses autores nesse momento da sua escrita?

Olha, eu me mudei para Brasília no início de 1961. Eu ainda tinha, portanto, 16 anos, ia fazer 17. Nessa época, me lembro de ter descoberto Fernando Pessoa, que representou algo bastante forte para mim. Claro que já estava lendo Carlos Drummond de Andrade e demais modernistas, mas nunca esqueci a descoberta do Pessoa. Ele me marcou muito. Mais do que todos os outros poetas que então lia. Foi uma pancada mais forte que Drummond, Jorge de Lima, Murilo Mendes e outros. Pessoa possui uma eletricidade especial que sempre me chamou muito a atenção. Talvez aquela quantidade de vozes dele tenha sido a coisa mais marcante para mim. Quem sabe se já não tinha isso dentro da cabeça, não é? Ter múltiplas vozes, múltiplos caminhos, múltiplas personalidades poéticas... Penso que já tinha certa tendência para isso. Não gostava de me fixar numa coisa só em termos de marca de estilo. Se pararmos para pensar vamos ver que, por exemplo, João Cabral de Melo Neto tinha uma personalidade poética ultramarcante. Nunca vou dizer que Cabral seja monótono, mas ele possui uma direção praticamente única em termos de linguagem... Aquele formalismo agudo que ele vai depurando e depurando até as últimas consequências. Construiu uma obra notável, é claro.

Mas o que me atraía mais era a diversidade, a loucura, o universo multifacetado do Pessoa. Para o meu modo de sentir a poesia a obra de Fernando Pessoa possuía lugar especial.

Então, quando fui para Brasília, já estava descobrindo a minha voz, os meus interesses. E comecei a escrever de maneira mais consistente. Já havia abandonado aqueles pastiches do Simbolismo da minha adolescência. Eu tinha até um livro quase completo com aquele tom gótico do Simbolismo, mas obviamente era apenas um exercício. Outro dia fiz uma boa descoberta em casa, que foi encontrar um caderno desse período de Brasília, poemas de 1963 a 1965, que eu achava que estava perdido. O caderno tinha em torno de cem poemas. Fiquei lendo e me divertindo com tudo aquilo tanto tempo depois. No meio daqueles manuscritos encontrei de repente um poema de que gosto até hoje bastante, e que inclusive está no meu primeiro livro. É o poema que começa com o verso "A paisagem não vale a pena". Este poema foi escrito em 1964, logo após a implantação da ditadura civil-militar, bem na primeira hora. É um poema que trata daqueles tempos duros, que fala de sinistros mascarados, do desespero instituído. Pois bem: li aqueles cem poemas e percebi que praticamente tudo precisava ser reescrito. Não tinha nenhum poema pronto, a não ser esse de que falei. E então pensei: "puxa vida, é necessário escrever cem poemas pra acertar um". Uma proporção verdadeira para aquela época, porque era um período de formação. Claro que agora mais maduro vou acertando com bem mais facilidade.

Estou citando esse poema porque ele me marcou muito. Eu tinha um grande amigo em Brasília, o Ricardo Pudim, que trabalhava com cinema e era muito amigo do Luiz Carlos Lacerda, o Bigode. O Bigode era cineasta ligado ao Cinema Novo, a grupos experimentais no Rio de Janeiro. E um dia, vendo meus poemas, o Pudim me falou para eu fazer uma seleção, pois ele ia enviar tudo para o Bigode, que também escrevia poesia e estava ajudando o poeta Walmir Ayala a realizar uma antologia da nova poesia brasileira no Rio de Janeiro. Isso foi por volta de 1966. E eu mandei um punhado de poemas. O Bigode gostou, mostrou para o Walmir e eles colocaram alguns na antologia. Essa foi minha primeira publicação em livro. Havia uma introdução sobre cada poeta, falando dos poemas de cada um. Na minha introdução era ressaltado exatamente o poema que se inicia com o verso "A paisagem não vale a pena", considerado então o mais marcante de minha produção. O curioso é que o livro saiu com esse texto falando da minha poesia, citando esse poema, e quando fui ver os poemas impressos, percebi que justo o poema considerado mais relevante não estava lá. Uma vez que o livro tinha também a chancela do MEC, o Ministério da Educação e Cultura, a censura governamental excluiu o poema por considerá-lo "subversivo", mas esqueceram de apagar a referência no texto introdutório. Então é citado na introdução um poema que não consta do livro. Evidentemente, trata-se de um poema político. Não é panfletário, mas é bem político. E eles tiraram. No fundo achei ótimo, porque isso criou uma situação bem interessante em termos de se mostrar com clareza a atuação da censura naqueles tempos sombrios. E, como disse, este poema vai aparecer mais tarde no meu primeiro livro.

Você pegou o grande momento de construção da Universidade de Brasília, que tinha vários elementos inovadores para a época. Uma universidade concebida por Darcy Ribeiro, um dos maiores intelectuais brasileiros. Qual era

esse ambiente de Brasília, de uma cidade em construção, e dos seus parceiros? Você conviveu com o artista visual Cildo Meireles, por exemplo, com o Guilherme Vaz, um importante músico contemporâneo, e outras figuras marcantes da nossa cultura.

Brasília foi uma coisa impressionante naquele período. A Universidade, principalmente. O projeto do Darcy Ribeiro talvez nunca se repita, porque tudo naquele momento era favorável para que fosse possível colocar as utopias dele em termos concretos. Ele tinha o apoio do presidente João Goulart, que disse pra ele fazer a universidade dos sonhos. Então o Darcy tem em mãos um projeto do Oscar Niemeyer para o espaço físico da Universidade, verba para construí-la e segue pelo Brasil afora arrebanhando as melhores cabeças nas mais diversas áreas do conhecimento para levar para Brasília. E possibilitando também uma base material boa para os professores, com bons salários, com casa pra morar. Foi construído um conjunto habitacional dentro da Universidade, chamado Colina, onde havia uma fermentação cultural muito grande. Ali moravam vários professores com respectivas famílias. E eu frequentei muito a Colina. Quem morava lá era o Eudoro Augusto, que foi meu parceiro no primeiro livro. O pai dele era um professor de cultura helênica, uma cabeça fantástica, um grande intelectual português chamado Eudoro de Souza. E eu frequentava a casa deles. Ficamos amigos e começamos a trocar nossas primeiras figurinhas poéticas, porque eu descobri que o Eudoro Augusto também escrevia poesia. Criamos assim um diálogo bom.

A Universidade de Brasília era isso: cada setor possuía as melhores cabeças do país. Na época eu não tinha muita certeza do que fazer em termos de curso superior. Estava mais ligado às ciências humanas, é claro, mas tive um pouco de dificuldade de escolher, porque tínhamos, no início da Universidade, os cursos de Jornalismo, Letras e Direito. E a minha primeira tendência foi fazer Letras. Havia professores da melhor qualidade, bons teóricos. Mas fiquei pensando com meus botões que já possuía excelente material na biblioteca do meu pai para ler; que, no fundo, já conhecia a maior parte das coisas que seriam apresentadas no curso. Nessa época esquadrinhava toda a biblioteca do meu pai. Isso foi importantíssimo na minha formação. Foi um período de muita leitura. Então resolvi cursar Direito. Pensava que em algum momento precisaria ganhar a vida e via no Direito um campo em que poderia arranjar bom emprego. Tinha essa ideia, mas sem gostar muito, sem paixão pela área. Assim, passei a cursar Direito, mas frequentava só o estritamente necessário, mesmo porque a ideia do Darcy Ribeiro era que os estudantes pudessem intercambiar muito com os outros cursos, frequentar outras áreas. E eu então participei muito de outras aulas, principalmente Cinema.

Havia, pois, um curso de Cinema na Universidade que era comandado pelo Nelson Pereira dos Santos, o conhecido cineasta do Cinema Novo, diretor de clássicos do porte do *Rio 40 graus*. E tinha muita gente boa que Nelson levou para a Universidade, intelectuais do calibre do Paulo Emílio Sales Gomes, do Jean-Claude Bernardet. Comecei a frequentar esse pessoal, fiquei amigo deles. Muitas vezes abandonava minhas aulas de direito civil para ir ver bons filmes ou escutar música clássica ao vivo, por exemplo, nos cursos de música. Mas meu contato com o pessoal do curso de Cinema foi de fato bastante intenso. Em 1966 eles abriram um concurso de roteiros para toda a Universidade, e não só para os estudantes que cursavam Cinema, com o intuito de que fossem realizados filmes de curta-metragem sobre assuntos de várias áreas. Era lógico que os alunos de Cinema participariam de todas as produções, e que as câmaras e os rolos de filmes seriam fornecidos pelo curso.

Minha ligação com o cinema em Brasília era forte e, inclusive, independente da Universidade: eu fazia parte da direção de um Clube de Cinema da cidade, ao lado dos amigos Geraldo Sobral Rocha e Rogério Costa Rodrigues, cineastas, críticos e professores de cinema. Recebíamos os filmes enviados da Cinemateca do Museu de Arte Moderna do Rio de Janeiro, MAM, pelo diretor da entidade, Cosme Alves Neto, e realizávamos as projeções em uma sala alugada em Brasília. Tanto a remessa dos filmes por via aérea, quanto o aluguel da sala de projeções eram pagos com a venda a preços baixos dos ingressos e com as mensalidades pagas pelos sócios do Clube de Cinema. Os estudantes da Universidade eram os principais frequentadores. Convidávamos os professores de Cinema para conversarem com o público sobre os filmes que projetávamos, e a figura central e mais querida por todos era o Paulo Emílio Sales Gomes. A sala de projeção estava sempre lotada.

Pois bem: participei do tal concurso de roteiros e fui um dos escolhidos. Em 1967 comecei a montar a produção do meu filme, de que participou ativamente o então estudante de Arquitetura Cláudio Tovar, que desenhou e construiu as máscaras e as roupas que alguns personagens usaram no filme. É importante dizer que Cláudio Tovar vai participar mais tarde, em 1972, do grupo de teatro Dzi Croquettes, no Rio de Janeiro, que usava a irreverência para criticar a ditadura militar. A androginia do grupo talvez tenha sido o motivo mais forte para que a primeira peça encenada pelos Dzi Croquettes fosse censurada pelos militares. O grupo, perseguido politicamente, se exilou então em Paris, na França, onde reestreou a peça censurada e continuou a trabalhar até 1976.

Voltando ao meu filme, lembro que realizei as principais filmagens em 1968 e enviei o material para ser revelado em um laboratório em São Paulo. Antes que a revelação voltasse a Brasília, aconteceu o acirramento da crise política que vai acarretar a edição do Ato Institucional nº 5, em dezembro de 1968, ato que significou a radicalização da ditadura que destruirá a Universidade. Em 1969, já com o curso de Cinema fechado e todos os professores demitidos, um amigo e ex-estudante de Cinema, o Paulo Tourinho, vai a São Paulo e consegue recuperar uma pequena parcela do material fílmico do pessoal de Brasília ainda existente naquele laboratório, inclusive, para minha surpresa, uma cópia em positivo do material por mim filmado. São quarenta e poucos minutos de filmagem. Os negativos se perderam. Transformei recentemente em vídeo essa cópia em positivo e penso agora, tanto tempo depois, em finalizar o filme, que para mim é uma espécie de memória de um momento extremamente intenso.

É bom também dizer que, após o AI-5, os militares invadiram à noite a pequena sala onde tínhamos a sede do Clube de Cinema de Brasília e quebraram tudo. Foi também o fim do Clube. Havíamos acabado de sair e por sorte não fomos presos. A ditadura considerava altamente "subversiva" a nossa atuação no campo cinematográfico na cidade. Qualquer tipo de debate cultural era severamente perseguido.

Na Universidade, eu praticava, repito, incursões em diversas áreas que me interessavam. Assistia, por exemplo, aulas na Arquitetura com o próprio Oscar Niemeyer. Desse modo, conheci minha mulher, a Cêça Guimaraens. Ela era estudante de Arquitetura e começamos a namorar. Cêça, que era colega e amiga do Cláudio Tovar, também participou intensamente dos movimentos na Universidade. Ela virá a ser professora, pesquisadora e crítica tanto no campo da Arquitetura e do Urbanismo, quanto na área da Museologia e da Fotografia, publicando diversos artigos e livros, bem como realizando projetos arquitetônicos.

Então era isso a Universidade de Brasília: um intercâmbio cultural muito amplo. A turma da Antropologia, por exemplo, construiu uns alojamentos de madeira no cerrado e lá realizavam encontros com índios que vinham do Xingu. E alguns dos professores moravam nessas construções algo precárias, trabalhando diretamente com a linguagem e os costumes indígenas. Nesse período, meu irmão Luiz Alphonsus, que era mais novo do que eu, entrou para a Universidade de Brasília. Ele era artista visual, amigo do Cildo Meireles, do Guilherme Vaz e do Alfredo Fontes, e solicitou à Reitoria uma licença para construir por conta própria um ateliê de madeira também próximo ao local onde o pessoal da Antropologia e da Linguística tinha os alojamentos para receberem os índios. Localizava-se onde depois foi construído o Centro Olímpico da Universidade. O ateliê ficou pronto e passou a ser ponto de encontro de artistas. Eu ia muito ao ateliê, e me encontrava bastante com o Guilherme Vaz, o Cildo Meireles e outros artistas amigos do meu irmão Luiz.

Era um ambiente de intensa troca cultural que eu acho que nunca mais irá se repetir no Brasil. De fato, vivermos no início da construção da cidade, em uma Brasília com poucos habitantes e em uma conjuntura política favorável, tudo isso ajudou sem dúvida à intensificação dessas fortes experiências. Vivíamos uma liberdade intelectual sem freios, ou como diria Rimbaud, uma liberdade livre.

Foi nesse período e clima que você e o Eudoro começaram a pensar o livro que publicaram juntos?

Sim, foi no meio de tudo isso que eu e Eudoro começamos a pensar nosso primeiro livro, trocando poemas. Recordo que Eudoro estava fazendo mestrado em Letras, e a tese era sobre Guimarães Rosa, sobre o *Grande Sertão: Veredas*. Eudoro lia tudo que aparecia na frente também. E ele se ligou então à obra de João Cabral de Melo Neto, porque os concretistas falavam muito do poeta pernambucano. O fato é que havia na época um predomínio, na Faculdade de Letras, do concretismo. Afinal, os concretos escreviam sobre "planos pilotos" da nova literatura, e nós vivíamos em pleno "plano piloto" de uma cidade que nascia. Os primeiros textos do Eudoro eram, desse modo, muito cabralinos. Logo depois ele mudou de rumo. Estávamos numa fase de experimentação de linguagem. E obviamente quando você vê os poemas do Eudoro constantes de nosso primeiro livro, percebe que já não têm nada que ver com João Cabral.

O misterioso ladrão de Tenerife é um livro pelo qual tenho até hoje uma paixão toda especial, porque reflete e representa aquele momento tão intenso, aquelas amizades a ligarem os setores artísticos mais variados, aquelas boas discussões e trocas de informações entre tantas áreas do conhecimento na Universidade de Brasília. Um momento que vai ser por completo destruído, conforme disse, com o advento do Ato Institucional nº 5, o AI-5, em dezembro de 1968. Um decreto que radicalizou a estupidez da ditadura civil-militar que infernizou o país por mais de vinte anos. Em 1965, já havia ocorrido uma primeira demissão em massa de professores, mas a Universidade ainda resistiu. Assim como resistira a várias invasões militares que tinham por finalidade atemorizar e prender lideranças estudantis. Numa dessas invasões, recordo bem, os militares queimaram uma enorme quantidade de livros retirados da Biblioteca Central, incêndio esse realizado na área de estacionamento dos automóveis ao lado da Biblioteca. Eram pilhas e pilhas de livros sendo queimados. Um terror que me lembrou o romance de Ray Bradbury, *Fahrenheit 451*, transformado em filme por François Truffaut. E aí em 1968 tudo acabou em definitivo. A Universidade se tornou alguma coisa estanque, anêmica, com uma ideologia repressiva que já não tinha nada que ver com a utopia libertária de Darcy Ribeiro.

Esse primeiro livro, *O misterioso ladrão de Tenerife*, tem intervenções visuais do Luiz Áquila, que se tornou um artista importante. Como foi esse processo?

Áquila era professor na Arquitetura, ligado às artes visuais. Pertencia a um grupo de pintores, escultores, gente ligada ao Niemeyer e ao Lucio Costa, o arquiteto e urbanista que concebeu Brasília. Posso citar, entre esses artistas, o Athos Bulcão e o Alfredo Ceschiatti. Luiz Áquila, bem mais novo, fazia parte dessa turma. Hoje, para dar aulas em uma Universidade, é preciso ter diploma, ser doutor, essas coisas. Mas naquela época em Brasília, dentro da visão do Darcy Ribeiro, não. E o Áquila era simplesmente pintor. Pintava e desenhava muito bem, e, nessa condição, era professor da Universidade. Afinal, o que o Darcy Ribeiro buscava era a excelência em todos os campos.

Áquila era muito amigo do Eudoro e foi pessoa importante para a feitura do nosso primeiro livro. Foi dele a ideia de se fazer uma edição de aspecto artesanal, em papel kraft, que era mais barato e mais bonito, impresso em uma gráfica de Goiânia que ele conhecia. Nós teríamos que comprar o papel e levar até a gráfica. O meu pai tinha um carro, uma picape, e a gente encheu o carro com o papel e levamos para Goiânia. Foi assim que nasceu o projeto gráfico de *O misterioso ladrão de Tenerife*, um livro a quatro mãos, com poemas meus e do Eudoro intercalados. E o Áquila intercalou também várias imagens que enriqueceram bastante o objeto livro.

Ele foi junto com vocês à gráfica?

Sim. Ele foi nos apresentar ao dono da gráfica, que era amigo dele, e que logo descobri ser na verdade um editor. Ele dirigia a Editora Oriente. Tratava-se de Taylor Oriente, uma figura muito legal. Fizemos várias incursões a Goiânia para acompanhar a impressão do livro. E isso tudo porque nós já tínhamos consciência de que depois do AI-5 não conseguiríamos publicar aquele livro em editora nenhuma em Brasília. Não havia hipótese. Nem pensamos muito nisso, diante de uma situação tão fechada politicamente. Eu já tinha tido um poema retirado de uma antologia por ser "subversivo", conforme contei, e agora tínhamos a consciência de que o nosso livro jamais seria publicado debaixo de um AI-5. Tínhamos, portanto, de partir para alguma coisa alternativa.

Para que se possa ter uma ideia da situação de perseguição política reinante, vou narrar mais um simples fato que mostra bem o que ocorria então. Existia um suplemento literário em Brasília, no jornal *Correio Braziliense*, que tinha boa repercussão, e em que eu e o Eudoro publicávamos poemas e artigos. Um dia, conversando com o editor do suplemento, conseguimos dele a autorização para realizar um grande trabalho visual, de página inteira de jornal, com desenhos, colagens, frases soltas e dois poemas manuscritos, um meu e outro do Eudoro. Uma página que montamos no chão, com corte e cola, artesanalmente. E construímos, assim, uma página de crítica à política ditatorial da época.

Havia muita ironia e até as silhuetas de militares fazendo a saudação nazista. A página ficou graficamente bonita. Enviamos para o suplemento, quase certos de que o editor não iria aceitar. Mas ele aceitou e a coisa saiu em página inteira, bem na abertura do suplemento, chamando muito a atenção. Aí, na semana seguinte, soubemos que esse editor havia sido demitido do *Correio Braziliense*. Ficamos profundamente tristes, nos sentindo de certa forma culpados, inclusive porque o editor era um cara importante na divulgação da literatura. E com a saída dele o suplemento desidratou. O que bem mostra como era o clima da época. Uma atmosfera pesada que nos conduzia forçosamente ao livro independente.

Então, a solução era publicar por nossa conta e risco, e fomos para Goiânia fazer esse livro. E me lembro do dia em que estávamos em frente à gráfica tomando uma cerveja e o Taylor lembrou que o volume ainda não tinha título. Havíamos simplesmente esquecido de colocar um título. E foi naquele bar que começamos a pensar nisso. Queríamos algo irreverente, então resolvemos fazer seguidas séries de sugestões, escrevendo títulos em guardanapos. De repente, surgiu a proposta de que o título que provocasse mais gargalhadas seria o vencedor. E foi o Eudoro que escreveu "O misterioso ladrão de Tenerife". Eu li esse título e, de maneira simultânea e paradoxal, achei que tinha e não tinha a cara do livro. Então começamos a rir muito e não tivemos mais dúvida, mesmo porque os outros títulos não possuíam essa ambígua comicidade.

O misterioso ladrão de Tenerife **é um livro muito original e bem cuidado. O diálogo entre os poemas de dois autores diferentes e as intervenções visuais é muito forte. Como foi a criação do livro? Vocês sentaram os três para pensar o livro**

juntos ou entregaram os poemas e o Áquila fez o projeto gráfico sozinho?

Quanto aos textos, eu e Eudoro sentamos para montar, juntos, da mesma forma que fizemos aquela página do suplemento. A nossa intenção era organizar o livro de maneira semelhante a uma montagem cinematográfica, escolhendo poemas que combinassem entre si, intercalando-os como se fossem polos atrativos. Aí entregamos para o Áquila a montagem que fizemos, para ele incluir as imagens que desejava. Demos, é claro, carta branca a ele, para fazer o que bem entendesse. Ele usou imagens bem interessantes, inclusive publicitárias. Realizou, assim, as intervenções visuais de maneira muito livre e muito elegante. Ficou excelente. O livro demorou a sair: demos entrada no material na gráfica em 1970 e a edição só ficou pronta no início de 1972. Quando o livro saiu, surgiu então o problema da distribuição. Havíamos comprado papel demais e foram impressos quase mil exemplares. Não tínhamos como carregar todos esses livros. Pegamos alguns pacotes e levamos para Brasília, mas o grosso ficou na editora em Goiânia. E aí foi um encalhe brutal.

Além disso, quando a publicação ficou pronta, eu já estava praticamente de mudança para o Rio de Janeiro. Desde 1970 eu queria voltar para o Rio, sair de Brasília, pois sentia que as coisas haviam se esgotado para mim, principalmente pelo colapso da Universidade em razão da ditadura. Eu tinha largado o trabalho no campo do Direito e feito um concurso pra ser funcionário público, mas também não gostava do que estava fazendo nesse novo emprego. Não queria ficar enterrado em uma repartição pública em Brasília. Então vim ao Rio de Janeiro quando um amigo, o Suetônio Soares Valença, me deu a dica que o Antônio Houaiss estava trabalhando em uma nova enciclopédia e precisava de redatores. Procurei o professor Houaiss, me apresentei, levei um currículo. Eu já era casado com Cêça e tínhamos uma filha, a Mariana Alves de Guimaraens, nascida em 1969, em Brasília, e que hoje é bióloga, professora universitária e pesquisadora de algas marinhas, ou seja, atua na área científica (meu filho Francisco de Guimaraens vai nascer no Rio de Janeiro, em 1977, sendo, na atualidade, professor e diretor do curso de Direito da Pontifícia Universidade Católica do Rio de Janeiro, a PUC; Francisco trabalha com filosofia e tem dois livros publicados, tendo em ambos examinado, entre outros nomes de peso do universo filosófico, o pensamento político em Spinoza. É casado com a historiadora Camila Welikson e tem duas filhas, Isadora e Natália, minhas netas). Houaiss me perguntou se eu ia mesmo largar um emprego fixo em Brasília para participar do projeto da enciclopédia, que era um trabalho bastante efêmero. Aí disse a ele que tiraria uma licença sem vencimentos por dois anos para vir fazer parte da equipe da enciclopédia. Se tudo desse errado para mim no Rio de Janeiro, voltava para Brasília. Ele aceitou, me empregou e aí viemos. E nunca mais voltamos.

Um pouco depois, o Eudoro também veio para o Rio trabalhar nessa mesma enciclopédia em que eu estava. Eudoro era também amigo do Suetônio, que havia se tornado o responsável pela realização das etimologias das palavras usadas na condição de verbetes da enciclopédia. Eudoro não tinha emprego em Brasília, estava tentando ser professor na Universidade, veio ao Rio e, com a ajuda do Suetônio, começou a trabalhar na equipe do professor Houaiss também. Eu tinha trazido de Brasília alguns pacotes com o livro, e o Eudoro também trouxe outros. Então, quando ele chegou, resolvemos fazer o lançamento do nosso primeiro livro, mesmo sem conhecer praticamente ninguém na cidade. O Eudoro frequentava uma pizzaria em Ipanema, na rua Montenegro, hoje Vinicius de Moraes, que era um ponto de encontro de poetas e artistas. Se chamava Pizzaiolo. Decidimos realizar ali o lançamento de *O misterioso ladrão de Tenerife*. Panfletamos em vários lugares o convite e, para nossa surpresa, mesmo sem conhecer quase ninguém, o lançamento foi bem concorrido. Apareceram poetas jovens, também iniciantes, que souberam que estávamos fazendo um lançamento fora do circuito.

Recordo que apareceram, entre tanta gente, os poetas Chacal e Waly Salomão, que estavam lançando também os primeiros livros deles. E aí começamos a nos conhecer, a trocar figurinhas, e o nosso livro circulou nas mãos desse pessoal. Lembro que pouco depois disso fui a uma festa em apartamento no Jardim Botânico e me apresentaram à Ana Cristina Cesar, mais nova que nós, e ela me disse que havia lido o livro. Nunca me esqueci disso. Só depois, olhando para trás, é que a gente entende que estava tudo sintonizado...

E qual foi o impacto na sua poesia dessas figuras que você conheceu aqui no Rio? A Ana Cristina, o Waly, Torquato Neto, Chacal? Porque você não absorve tanto a linguagem da poesia marginal, como o Eudoro absorveu, por exemplo. Você mantém uma dicção própria.

É verdade. Eu chego ao Rio de Janeiro já escrevendo o que seria o meu livro seguinte, o *Restos & estrelas & fraturas*. E seguia com clareza um caminho próprio. Posso até dizer que naquela altura eu já estava pronto. Entre aspas, é óbvio. Digo isso no sentido de que escrevia uma coisa diferente do que a maior parte dos jovens poetas então produzia, e eu tinha consciência disso. Talvez por conta da minha formação literária. Agora, depois que eu conheci essas pessoas fui perceber que algumas delas também possuíam uma formação literária bastante densa e estavam em busca de uma maneira própria de se exprimir. A Ana Cristina Cesar, por exemplo, lia muito, tinha boa formação intelectual, era professora e possuía uma poética bastante pessoal. Chacal até brincava dizendo que a Ana não era contracultura, mas supercultura.

Mas havia também uma linguagem corrente na poesia daquele momento, no que foi chamado de Poesia Marginal. Autores como Chacal, Charles, Cacaso, Luís Olavo Fontes, todos estavam escrevendo textos um tanto parecidos. Eram poemas curtos, irreverentes, epigramáticos, bem ao gosto dos poemas modernistas do Oswald de Andrade...

Nesse aspecto, o Cacaso tinha até razão quando dizia que na verdade estava sendo escrito um único poemão a mil mãos. Mesmo assim, se olharmos com calma, vamos ver que as coisas tendiam, como sempre acontece em qualquer tempo, para a multiplicidade, cada poeta possuindo um modo bem próprio de escrever. Tanto que se você pega a antologia da Heloísa Buarque de Hollanda, a *26 poetas hoje*, que foi publicada em 1976 e virou uma referência da chamada poesia marginal, o livro traz as vozes de muita gente que não se afinava com essa maneira de ser "marginal" em termos de linguagem poética, no sentido da produção de textos bem-humorados e epigramáticos que se assemelhavam muito uns com os outros. Você tem razão quando se refere aos poetas que apresentavam esse tipo algo padronizado de linguagem, a que se convencionou chamar de "linguagem marginal". Contudo, há na antologia várias vozes discordantes, autores que perseguiam as pegadas de outros veios da modernidade para além de Oswald de Andrade ou da cultura pop, por exemplo. Por isso mesmo a antologia se chama "26 poetas *hoje*", o que significa um caminho na direção de se apresentar de modo amplo o cenário poético daquele momento. A riqueza da antologia é isso. Há o grupo dos propriamente "marginais" ao lado de muitos outros nomes isolados que trazem dicções diferentes. Se houvesse uma unidade monocórdica não seria tão interessante.

O que mais importa é ver que Chacal escrevia totalmente diferente da Ana Cristina, por exemplo. E que a Ana, apesar de ter tido uma amizade enorme com o Chico Alvim, não escrevia parecido com ele. E vice-versa. O Waly Salomão possuía o seu discurso. O Roberto Piva tinha percurso muito próprio, com referências ao Surrealismo e aos autores *beats* norte-americanos. Torquato Neto possuía dicção também singular, a partir, inclusive, da experiência com a Tropicália. Do mesmo modo José Carlos Capinan. E outros muitos nomes. Mas essa multiplicidade não impedia que mantivéssemos extensos diálogos, com as exceções de praxe.

A Ana Cristina foi ao lançamento do meu segundo livro, e inclusive o menciona em um texto sobre a poesia de nossa geração que gosto muito. Naquela época, em 1975, ela ainda não tinha lançado nenhum livro. Mais tarde, quando publica seus livros, eu compareço aos lançamentos também, é claro, e faço uma leitura cuidadosa. Chegamos a ter muitas conversas sobre poesia e a vida em geral, mas infelizmente ela morreu muito cedo. A Ana Cristina publica os primeiros textos na antologia da Heloísa Buarque, em 1976, e alguns anos depois, em 1983, se suicida. Em 1980 eu trabalhava no setor de editoração da Fundação Nacional de Arte, a Funarte, e ajudei a editar em livro uma parte da dissertação de mestrado da Ana Cristina sobre literatura e documentário cinematográfico, com o título de *Literatura não é documento*. Tivemos bons diálogos então.

No ano seguinte, participei com meu terceiro livro independente, *Ossos do paraíso*, do lançamento de uma coleção chamada Capricho, de que fizeram parte a Ana Cristina, o Chico Alvim, o Eudoro Augusto, a Ledusha, o Luís Olavo Fontes, o Cacaso e outros. Era comum naquele tempo os poetas se juntarem em torno de uma coleção, uma vez que um lançamento conjunto de livros reforçava tudo e interessava à mídia. É importante assinalar que nesse lançamento do meu livro *Ossos do paraíso*, em 1981, o editor paulista de poesia Massao Ohno comparece, se apresenta, diz que gosta da minha poesia e me convida para editar um livro de poesia com ele. Para mim foi uma belíssima surpresa. Massao era nome importante e muito querido entre os poetas. Assim, em 1985, publico *Tudo nenhum* pela Massao Ohno Editor, em São Paulo. E depois editei mais dois livros com ele, o *Avenida Eros* (em que também se inclui o Piano mudo), de 1992, e o *Abismo com violinos*, de 1995. Em 1998 volto a publicar no Rio de Janeiro, então pela editora Sette Letras, o livro *Eles devem ter visto o caos*.

Em relação a Torquato Neto, a convivência foi pouca. Só tivemos uma conversa longa no Museu de Arte Moderna do Rio, o MAM, que era um ponto de encontro na época do pessoal que trabalhava com arte e cultura. Nós dois tínhamos um amigo comum, o compositor Sidney Miller, que teve grande importância na época e agora está sendo, com justiça, relembrado por novas gerações. Ele também faleceu cedo, em 1980. A ligação do Sidney com Torquato tinha que ver com a música, pois não podemos esquecer a atuação de Torquato no campo da música popular. O Sidney imaginava um evento cultural multimídia a ser realizado no MAM e nos chamou, a mim e ao Torquato Neto, para conversar. Isso foi em 1972, ano em que cheguei ao Rio. Esse encontro se deu pouco antes da morte de Torquato, que também se matou. Recordo do Sidney em choque com a morte dele, pois além da amizade, o tal projeto, que não se realizou, já estava bem desenvolvido e tinha presença forte do poeta piauiense.

Outro poeta que conheci nesse período e que se suicidou, e que muito me impressionava pela inteligência e articulação verbal, foi o Guilherme Mandaro, que tomou parte do grupo da Nuvem Cigana. A Nuvem Cigana era um grupo de poetas mais jovens do que eu, o Chacal, o Charles Peixoto, o Bernardo Vilhena, o Mandaro e o Ronaldo Santos. Eles foram muito importantes na época, inclusive por criarem uma série de eventos públicos de poesia, as Artimanhas (nome tirado de um poema do Torquato). Esses eventos se tornaram marca de resistência da poesia frente ao clima opressivo da ditadura. E os poemas dessa turma ditos a plenos pulmões eram bons. O Mandaro era o poeta desse grupo que eu achava mais articulado, dono de um discurso afiado. Era formado em História, e lembro que nas discussões em público sempre se sobressaía. Por isso eu o achava diferente dos seus companheiros de Nuvem Cigana, que me pareciam poetas mais intuitivos. Mandaro tinha uma cabeça mais teórica. Essas perdas trágicas (Ana Cristina, Torquato e Mandaro) me marcaram muito. Talvez reflitam, de certo modo, a atmosfera desesperançada em termos políticos da época. E, em alguns casos, o abuso das drogas.

Você falou que ao chegar ao Rio de Janeiro foi trabalhar numa enciclopédia que estava sendo feita pelo Antônio Houaiss. Como era esse ambiente?

Eu e Eudoro Augusto fomos trabalhar nessa enciclopédia, a Mirador Internacional, na condição de redatores, revisores e padronizadores de texto. Entre nossos companheiros de trabalho estava a Ana Duarte, mulher do Torquato Neto. Torquato ia buscá-la com frequência na saída do trabalho. Era uma equipe multidisciplinar, muito interessante, de que participavam figuras do porte de um Otto Maria Carpeaux, que era editor da parte de literatura. Na equipe dele trabalhavam os poetas Sebastião Uchoa Leite e Mauro Gama.

Certo dia em que estava nesse setor de literatura, notei que havia chegado o verbete sobre Franz Kafka. Eu conhecia *A metamorfose*, *O processo* e outros escritos de Kafka, e havia acabado de ler *O castelo*. Comecei então a conversar com o Mauro Gama sobre o autor tcheco. Carpeaux, que normalmente ficava em silêncio em sua mesa no canto da sala, soltou de repente a frase elétrica: "Eu conheci Kafka". O Mauro já havia comentado comigo sobre essa história, mas nenhum de nós sabia dos detalhes desse incrível encontro. Não conseguimos segurar a curiosidade e perguntamos ao Carpeaux o que de fato acontecera. E ele narrou em linhas gerais que em 1921, quando tinha vinte anos de idade, um amigo mais velho o convidou para ir à casa de um intelectual que ganhara um prêmio e estava dando uma festa em Berlim. E nessa festa estavam vários monstros sagrados de então, pessoas da Academia e tal. Carpeaux, muito jovem, ficou à margem, observando as grandes figuras a circularem na sala. Foi quando percebeu que havia na reunião outra pessoa igual a ele, um tanto deslocada, um homem calado e encostado em um dos cantos do ambiente. Carpeaux acabou por se aproximar desse homem, puxou assunto e os dois passaram horas conversando. Ele descobriu tratar-se de um escritor pouco conhecido que havia publicado uma novela cujo personagem central se transformava em barata, *A metamorfose*. Carpeaux havia lido a novela. Na saída da festa o amigo perguntou se ele havia gostado da reunião e o Carpeaux vai comentar sobre as conversas mantidas com o escritor *Kauka*. Carpeaux havia entendido dessa forma o nome, pois Kafka já sofria da tuberculose na laringe que o iria matar três anos mais tarde e estava bastante rouco. O amigo disse que não conhecia esse *Kauka*, e o Carpeaux explica tratar-se do autor do livro sobre a barata. Aí o amigo se lembrou, dizendo que o nome do escritor na verdade era Kafka, mas que ele não tinha importância, que era uma pessoa que escrevia umas coisas meio doidas. Que seria, inclusive, desperdício de tempo o Carpeaux ir atrás de outros textos desse autor. Belíssima ironia, não é? Um dos maiores escritores da literatura universal não ter a menor importância... E era esse o tipo de ambiente que eu vivia na equipe da enciclopédia dirigida pelo Houaiss, conviver com alguém que, ao lado de ser notável intelectual, *simplesmente* conhecera Kafka.

Outra pessoa que trabalhava na enciclopédia e de quem me tornei muito amigo foi Roland Corbisier. Era o responsável pela redação dos verbetes referentes à história da filosofia e uma das pessoas mais inteligentes com que convivi. Professor de filosofia e marxista, fora um dos fundadores do ISEB, Instituto Superior de Estudos Brasileiros, e deputado federal pelo PTB, Partido Trabalhista Brasileiro, partido de esquerda de que fizeram parte os ex-presidentes Getúlio Vargas e João Goulart. Quando do advento da ditadura civil-militar de 1964, Roland teve o seu mandato político cassado. Fora então trabalhar nos vários empreendimentos editoriais dirigidos pelo professor Antônio Houaiss. É bom que se diga que Houaiss abrigou em seus projetos vários perseguidos políticos que haviam perdido os empregos. O próprio Houaiss fora aposentado do Ministério das Relações Exteriores pela ditadura, e passara então a trabalhar por conta própria. Nisso os militares até fizeram uma coisa positiva: a perseguição política a Antônio Houaiss foi o que o conduziu a realizar vários empreendimentos importantes. Além das duas enciclopédias que editou, traduziu o notável romance *Ulisses*, de James Joyce, e iniciou a realização do *Dicionário Houaiss da língua portuguesa*.

Quando do encerramento da *Enciclopédia Mirador Internacional*, Roland Corbisier vai trabalhar na Editora Três, de São Paulo, na condição de editor e escritor da Coleção de História – Grandes personagens de todos os tempos, e me convida para escrever três biografias: Napoleão Bonaparte, Nicolau Copérnico e Martin Luther King. O primeiro volume da Coleção lançado foi *Napoleão*, em fins de 1973, livro vendido nas bancas de jornais de todo o país. A tiragem atingiu a cem mil exemplares e a edição se esgotou em pouco mais de uma semana. Ou seja, pela primeira e única vez senti o gosto de ser um *best seller*. Recebia dezenas e dezenas de cartas a comentarem a biografia, sendo chamado de "ilustre historiador". Os demais livros também tiveram tiragens semelhantes. Foi um momento muito interessante na minha trajetória.

Trabalhei, desse modo, na *Enciclopédia Mirador Internacional* por quase dois anos, e foi nesse período que escrevi *Restos & estrelas & fraturas*, livro que terá a capa realizada por Cildo Meireles. E comecei a circular com mais frequência pelo meio literário da cidade. O poeta Affonso Romano de Sant'Anna era professor na Pontifícia Universidade Católica, a PUC, uma faculdade privada que tinha em seus quadros uma equipe jovem de professores de literatura (a Ana Cristina e o Cacaso vão dar aulas nessa Universidade). Affonso Romano organizou então, em 1973, a Expoesia, uma exposição de poesia com os autores que estavam surgindo no momento. Ele me convidou para participar e foi nessa exposição que conheci a Heloísa Buarque de Hollanda, que cobria o evento na condição de jornalista. A Heloísa realizou uma entrevista comigo e outra com Eudoro, que também estava pendurando uns poemas nos varais de poesia da exposição. Eram poemas do nosso primeiro livro, mas também colocamos material novo.

A partir daí passei a manter contato com a Heloísa, que vai me procurar dois anos mais tarde para falar da antologia de poesia que estava pensando em fazer. Ela, sempre muito ligada ao que acontecia nas artes em geral, já havia percebido que havia alguma coisa de importante acontecendo na poesia, uma movimentação nova, de caráter alternativo, algo meio subterrâneo em razão da ditadura. Ninguém falava em poesia marginal naquele tempo, a designação veio depois. Heloísa havia sido convidada por uma editora espanhola que desejava se estabelecer no Brasil a organizar uma antologia sobre a nova poesia brasileira, que estava sendo realizada sob o regime militar. O livro seria o primeiro lançamento dessa editora no país. A ideia da Heloísa foi então centrar o foco da antologia nos poetas que estavam publicando fora do circuito literário-comercial, em edições independentes e, em geral, bastante precárias, vendendo essas publicações, que eram por vezes mimeografadas, em bares, na praia, nas portas dos teatros, nos lugares onde circulava a juventude. Repito que a Heloísa sempre foi muito atenta ao que estava acontecendo no campo cultural, dona que era de um olhar que também tinha muito que ver com o campo da Sociologia. Começou a recolher, desse modo, o material que interessava, e aí ela vai me solicitar poemas. Me colocava no rol dos poetas alternativos, independentes. Tornei-me amigo, passei a frequentar a casa dela e a conversar sobre a construção dessa antologia, que se transformou na *26 poetas hoje.*

Então em 1973 já havia uma retomada da movimentação cultural, depois do acirramento da opressão com o AI-5? Ou essas coisas estavam sendo feitas contra um regime ainda muito pesado?

Em 1973 o clima ainda estava muito pesado, toda movimentação era feita a contrapelo. Os primeiros sinais de abertura só vão começar a aparecer em 1976. Antes disso não. Como dizia o Torquato Neto, tudo era divino, maravilhoso e bastante perigoso. Até mesmo usar certas roupas, cabelo comprido, tudo isso era feito com a consciência de ser uma afronta à situação política. Os longos cabelos à maneira dos *hippies* norte-americanos era algo perigoso na situação política do início da década de 1970.

Para você ter ideia, em 1974, quando trabalhei na feitura de outra enciclopédia em uma editora em São Cristóvão, a nossa sala de trabalho dava fundos para uma delegacia policial onde pessoas eram torturadas. Ouvíamos os gritos dessas pessoas e também gritávamos pelas janelas para que os policiais parassem com aquele terror. Na frente, ficava um quartel do Exército. Então chegávamos com cabelo grande, barba, tamancos nos pés, vários poetas e escritores "loucos" que trabalhavam na editora com suas roupas coloridas, e ouvíamos as gracinhas dos soldados, provocações, ameaças. A gente sabia que ter aquela aparência era uma agressão à ditadura e então caprichávamos no "modelo".

E como não era uma ditadura só militar, mas civil também, havia uma classe média que apoiava efetivamente esse clima opressivo. Vemos com clareza nos dias de hoje, com esses recentes movimentos de massa, com os aglomerados dessa classe média que saiu para as ruas com o intuito de ajudar a derrubada de uma presidente da República de esquerda eleita democraticamente – o que resultou no Golpe de Estado midiático-empresarial-financeiro-judiciário-parlamentar que derrubou a presidente Dilma Rousseff em 2016 –, com toda essa gente de direita nas ruas, vemos, assim, que sobrevive sempre um desejo conservador e repressivo bastante forte e explícito em amplas parcelas da sociedade brasileira um pouco mais endinheiradas. E essas camadas sociais, ditas de classe média, eram representadas na década de 1960, quando a ditadura civil-militar é implantada, pela UDN, União Democrática Nacional, partido político conservador comandado, entre outros, por Carlos Lacerda, que foi um dos apoiadores diretos da ditadura pelo lado civil. Ou seja, tratava-se de uma repressão contra a qual lutávamos em todos os sentidos.

Isso inclusive está presente no *Restos & estrelas & fraturas*, que é um livro com uma posição política mais clara. Não é um livro de poesia militante, mas é permeado pela política o tempo todo, e também pelo momento em que foi escrito. A capa do Cildo Meireles, com as lâminas de barbear sobrepostas, dialoga bastante com isso.

O livro foi consequência da minha vivência no Rio de Janeiro, entre 1972 e 1975, ano em que o livro saiu. Era um período pesado mesmo, e isso sempre ficou muito claro para nós. Em 1972, quando já estava na *Enciclopédia Mirador Internacional*, tive um colega muito amigo preso ao descer para o almoço na Avenida Rio Branco, bem no centro da cidade, onde trabalhávamos. Quando ele saiu do prédio um carro da polícia política estacionou e os guardas o levaram preso. Ficamos sabendo disso por meio de pessoas que testemunharam o sequestro. E aí ele ficou três dias nas dependências de um quartel do Exército, dentro de uma geladeira, nu. Não sei como não morreu. De vez em quando era retirado da "geladeira" para tomar muita paulada e choques elétricos. Mas ele resistiu. Os militares queriam saber o endereço da mulher dele, que era uma ativista política. Ela estava na clandestinidade naquele momento. O combinado era que se depois de tantas horas não aparecesse nenhuma comunicação da parte dele, ela deveria sumir, porque era sinal de que ele teria sido preso. Ele não era clandestino, mas estava ligado aos movimentos de resistência à ditadura. E ela estava na luta armada. O Alcir Henrique da Costa, este o nome desse amigo, era pessoa muito querida por todos. Esse foi um dos fatos acontecidos ao meu lado que bem refletia a terrível repressão daquele momento. É duro ver a tortura de modo tão próximo. Alcir resistiu por três dias pra não dizer onde estava a mulher. Depois desse tempo teve a certeza de que ela sumira e, finalmente, falou do endereço onde ela se escondia, porque não aguentava mais a tortura. A polícia política foi até o endereço, mas a mulher já havia fugido. Alcir ficou mais um tempo preso e depois foi solto. Ele não estava engajado na luta armada, tinha trabalho e endereço fixos, mas em razão de ser casado com uma ativista não foi poupado. Pouco tempo depois seguiu com a mulher e filhos para o exílio em Paris. De volta ao Brasil após a abertura política, Alcir vai lançar, em 1981, o livro *Barão de Mesquita, 425: a fábrica do medo*, relatando de modo romanceado sua terrível experiência. O título se refere ao endereço do quartel do Exército onde sofreu as torturas, localizado no bairro da Tijuca, no Rio de Janeiro. Em 2005, Alcir Henrique da Costa publica o primoroso livro de contos *Contramão*, cuja apresentação foi escrita por mim.

Estou narrando esse episódio de tortura para mostrar que não havia como fugir da barbárie instalada bem junto de nós. Eu já tinha consciência disso em Brasília, quando ajudamos na fuga para fora da cidade de um amigo do meu irmão, Honestino Guimarães, ativista político que acabou morto pela ditadura. E tive outros amigos de Brasília que terminaram assim, igual ao Paulo de Tarso Celestino, preso, torturado e morto na chamada "casa da morte" em Petrópolis, Rio de Janeiro. Honestino e Paulinho fazem parte da lista dos desaparecidos políticos. Vivíamos, portanto, nesse clima de medo, de perseguição, de tortura e desaparecimento de pessoas. E eu realmente passei a fazer poemas mais políticos nesse momento. Não tinha como silenciar frente a tudo isso que acontecia.

É interessante, porque existe uma tentativa caricatural de dizer que na sua geração havia uma parte engajada politicamente, mas careta no comportamento e outra que era contracultural, mas alienada em termos políticos. E você quebra com isso. Como você via essa tensão?

Olha, a verdade é que ninguém nunca me cobrou nada, porque primeiro eu, obviamente, nunca entraria na luta armada. Nunca tive arma em casa e nem pegaria em armas para combater poderosas forças armadas. Achava isso uma coisa completamente inviável. Não julgava ninguém, mas sabia que as forças eram desproporcionais e que eu jamais seguiria pelo caminho da guerrilha, seja urbana ou rural. O que acontece é que quando você vê as pessoas sendo presas, torturadas e, por vezes, mortas, você entende, por exemplo, que faz todo o sentido os sequestros de embaixadores estrangeiros para serem trocados por prisioneiros políticos submetidos aos piores tratamentos. Enfim, como seria possível julgar alguém que entrou numa luta dessa, enfrentando uma situação limite? Mas pessoalmente nunca tive ímpetos de entrar nisso, e nunca fui convidado também. Conheci pessoas, inclusive poetas amigos, que foram convidados. Mas eu nunca fui. Porque também nunca participei de partido político nenhum. Sempre fui independente. A mim interessava, antes de tudo, fazer poesia, trabalhar com isso. É claro que eu era frontalmente contrário à ditadura, e isso está nos textos. E não só nos textos: participei de passeatas políticas, bem como de panfletagens contra a ditadura no meio da noite, de forma clandestina e, obviamente, correndo riscos. Mas sem pegar em armas.

Por outra parte, também era crítico em relação a determinados costumes da contracultura. Claro que entendia a postura dessa turma dita contracultural, mas nunca pertenci diretamente a eles. Eu até brincava que era apenas um *hippie* de *boutique*, das lojas de moda da Zona Sul carioca. Mas era só brincadeira, porque também nunca entrei nesse tipo de modismo. Sempre fui bastante autocrítico e independente.

Então, onde eu estava? Não sei bem. Me sentia dentro de um turbilhão em que todas essas coisas se misturavam sem que eu pertencesse com clareza a nenhuma sigla. Ao mesmo tempo, fazia certa crítica ao pessoal que em plena ditadura parecia estar discutindo o sexo dos anjos, enquanto tinha gente sendo presa e torturada. Tudo era bastante confuso para mim e para muita gente. Mas como sempre fiz questão de manter independência, inclusive dentro da poesia, talvez tivesse mesmo uma atitude de permanente crítica e autocrítica, de permanente luta entre todas as forças culturais e políticas que estavam em jogo.

É curioso que sua poesia realmente parece um corpo estranho em meio aos grupos da época. Ela tem uma dicção totalmente singular em relação aos poetas da época, embora nunca seja anacrônica, tenha esse mergulho no tempo. Como foi isso? Em termos de recepção, inclusive?

É até difícil dizer. Fico pensando que a minha intenção primordial era a procura da verdadeira linguagem poética. Era o que mais me importava: escrever um bom poema. E o que seria um bom poema? Vivia me indagando sobre isso. Desconfiava de uma poesia que fosse simplesmente intuitiva, ou que buscasse uma via só, igual o poema piada nos moldes dos modernistas de 1922, principalmente à maneira de um Oswald de Andrade, tática muito usada por minha geração. Do mesmo jeito que era crítico aos que retomavam modelos concretistas ou formalistas. Pensava que nada disso seria bem o meu caminho.

Na busca de minha estrada, me inspirava mais nos movimentos da vanguarda europeia do início do século 20, com destaque para o Surrealismo. E claro que buscava sempre os principais poetas brasileiros, desde os árcades até os modernistas, sem me esquecer, principalmente, da poesia estrangeira clássica. Nisso os concretistas ajudaram muito a minha geração, nos apresentando grandes autores em boas traduções. E obviamente sem deixar de lado a poesia portuguesa, a começar, claro, por Camões e Fernando Pessoa. E outras figuras que minha geração esquecia com frequência, tais como Antero de Quental, Cesário Verde, António Nobre, Camilo Pessanha, Florbela Espanca, Mário de Sá-Carneiro, Sophia de Mello Breyner Andresen. Mário Cesariny, Eugénio de Andrade e Herberto Helder, poetas que admiro, foram lidos posteriormente, pois os livros deles não chegavam com facilidade ao Brasil naqueles tempos.

Eu me viciei em leitura, já disse, frequentando a biblioteca do meu pai. Penso que minha independência poética provém bastante disso, dessa busca por uma boa construção em termos de linguagem ao lado da leitura diversificada de poetas importantes. No fundo achava também que grande parte da produção da minha geração trabalhava com certo facilitário, certo modismo, o que, aliás, é comum em todos os movimentos literários de qualquer época. Posso dizer assim, que essa postura nunca me agradou. Talvez por isso nunca tenha entrado em grupos, pois não me sentia à vontade neles.

Agora, em termos da recepção crítica do meu trabalho, confesso que não me importava muito. Houve alguma boa recepção, mas como sempre e até hoje, percebia que a leitura da poesia não atingia escala maior e nunca vai atingir. Então não me preocupava em excesso com a recepção e continuava a produzir buscando tão-somente boa fatura poética. Acho que era isso. Não sei se aprendi tal coisa com meu pai, pois sempre o vi trabalhando de modo muito solitário. Acho que tomei um pouco desse jeito dele por modelo. Internalizei a ideia de buscar a minha maneira, o meu estilo de escrever, e seguir em frente a partir disso, alheio a qualquer modismo. Não que essas modas de época não tenham me influenciado alguma vez. Existe no meu trabalho espaço para a contracultura, a chamada poesia marginal e outros caminhos também. Mas, em essência, me sentia sempre periférico, à margem de tudo isso. Tenho a considerar ainda que a crítica literária sempre irá tender para determinadas obras que se alinhem aos modismos do momento.

Por exemplo, a obra de Paulo Leminski, nome que faltou na antologia *26 poetas hoje*, tem sido em tempos recentes bastante incensada, principalmente pela ligação que o poeta paranaense manteve com o movimento concretista paulista, além de seu texto ser mais facilmente assimilado por um público não muito afeito à leitura da alta poesia (com "alta poesia" me refiro à "Máquina do mundo", de Drummond; à "Tabacaria", de Fernando Pessoa; ao "Altazor", de Vicente Huidobro; aos "Quatro quartetos", de Eliot; ao "Barco bêbado", de Rimbaud; ao "Fauno", de Mallarmé; a qualquer poema de Rilke ou de Trakl; às odes de Keats; aos sonetos de Shakespeare; às baladas de Villon; às elegias de Propércio; às epopeias de Homero, e assim por diante). Sei da importância de um poeta, como no caso do Leminski, se tornar conhecido e lido em escala maior que o comum, pois isso ajuda a abrir portas para que novos leitores se entusiasmem e passem a procurar com mais frequência os livros de poesia em geral. Contudo, tal fato positivo não impede que tenhamos um olhar crítico sobre o assunto. O que importa, em essência, constatar nesse caso é que ao lado da exacerbada divulgação de Leminski, vamos ver a obra de um Roberto Piva, poeta nitidamente melhor e de fatura textual mais complexa, não ser examinada nem divulgada com a mesma desenvoltura. Isto é o que chamo de tendência a favor de certos modismos de momento.

Posso lembrar então que o movimento simbolista brasileiro, que abriu as portas para o Modernismo, também foi desconsiderado em seu tempo, com a maior parte da crítica a tecer loas ao Parnasianismo. A partir daí, essa mesma crítica irá deixar de lado também os movimentos das vanguardas europeias do começo do século 20, com o Surrealismo à frente, em favor de um naturalismo e de um formalismo estreitos. E tais posturas, que permanecem, portanto, ainda de certo modo válidas, vieram fortalecer essa miopia com que é tratada, mais na atualidade, a obra de um Roberto Piva, poeta que sofreu direta influência do Surrealismo, em confronto com outras obras não tão ricas e, contudo, bem mais divulgadas por motivos secundários, tantas vezes ligados a miúdas politicagens literárias e editoriais. Ou a mitificações e simplificações absurdas, que felizmente se dissolvem com o passar do tempo.

Assim, quando morre esquecido, em 1921, no interior de Minas Gerais, o poeta simbolista Alphonsus de Guimaraens, Oswald de Andrade, um dos nomes proeminentes do Modernismo de 1922, e que também irá sofrer toda sorte de ataques, vai dizer textualmente: "Alphonsus de Guimaraens valia sem dúvida todos os poetas juntos da Academia Brasileira. Faleceu em Mariana, pobremente, onde vivia fazendo há vinte anos os melhores versos do seu país." Vê-se, assim, com clareza que desde tempos recuados a crítica brasileira tem se encaminhado para uma forte incompreensão das linguagens mais afirmativas.

E quando atingimos, a partir da década de 1950, o tempo do concretismo, vamos assistir a outros tipos de desvios ou mesmo de sérias mistificações, agora por meio de uma postura que vai se dizer revolucionária no sentido de propugnar pelo fim do próprio verso, quando então deverá ocorrer de modo radical a prevalência de signos gráficos-visuais, de palavras-objeto, poemas não-verbais ou estruturas provindas do derradeiro Mallarmé de *Un coup de dés*, com a explícita finalidade de se construir uma "nova poesia" que significará a demolição das consideradas "velhas estruturas" semânticas. Em suma, a concretização do tal projeto verbivocovisual para que se configurem os novos e revolucionários artefatos poéticos-visuais, tudo isso no lugar de se considerar, defender e divulgar, para direto, rápido e correto esclarecimento das novas gerações, em termos de espelho e de modelo de uma poesia maior, a obra de um Jorge de Lima, por exemplo. Mas essas modas que foram chamadas de vanguarda, e em que se inclui o Poema Processo, acabaram por se diluir com o passar do tempo no Brasil, e os trabalhos de um Jorge de Lima, de um Murilo Mendes, de uma Cecília Meireles permanecem bem acima dessas guerrilhas de muita fumaça e pouco fogo.

É claro que qualquer movimento sério, como é o caso do Concretismo, vai deixar suas marcas no campo literário. O que defendo não é, portanto, ignorar ou censurar tais movimentos, com seus inúmeros seguidores em geral secundários, mas sim lutar com todas as forças na direção do caminho proposto por T.S. Eliot, quando diz que a poesia é, fundamentalmente, um fenômeno de cultura, um *continuum* que se destina a preservar e a reviver a herança legada pelos estratos literários de épocas históricas anteriores, e não ingenuamente propugnar pela demolição dessa herança. Sou, desse modo, defensor intransigente da imensa e riquíssima tradição a conformar toda a literatura universal. Os momentos de "revoluções demolidoras" serão, assim, tão-só pequenas vírgulas, mínimos soluços, com maior ou menor importância, no extenso oceano da alta expressão literária. Sem se esquecer, é óbvio, de que alguma "revolução" sempre será necessária para que o processo geral siga em frente, e que isso só poderá ser realizado por meio das obras de poetas acima da média.

O seu livro seguinte, *Ossos do paraíso*, já tem uma contaminação maior, não é? Esse livro tem uma reflexão sobre maio de 1968, do que teria sido esse movimento libertário, e tem um elemento maior de irreverência, de humor.

Ossos do paraíso já foi um balanço mesmo. Porque estávamos em 1981, em plena abertura política, com ampliação da liberdade, sem os riscos presentes na década de 1970. E então foi um momento de reflexão, mais pelo lado do balanço, do que vinha realizando nos últimos 15 anos. E ali tive consciência aguda da importância para mim do movimento libertário de 1968, aquela ideia de que o inimigo era, em última análise, o poder. O poder em todas as suas cores e inflexões. Não apenas o poder político/militar, mas a ideia de poder, o poder imiscuído nas menores coisas, a partir das relações dentro de sua própria casa, nos gestos do cotidiano. E então tentei realizar uma reflexão sobre isso a partir da experiência libertária representada pelo maio de 68. Li bastante sobre ideais libertários em Roland Barthes e Michel Foucault, por exemplo. E tentei fazer também a releitura da minha geração sob o ponto de vista do humor, algumas vezes até negro, mas sempre humor. Um humor que é ponto central da experiência daquele tempo, um humor que procura ridicularizar qualquer tipo de poder, algo próximo da anarquia, talvez.

E eu trabalhei isso no livro em termos de um balanço do que nós passamos. Não é de graça que fomos batizados de "geração AI-5", porque na verdade foi um sufoco grande mesmo. Muita gente morreu. É estranho que quando se pensa na morte do Torquato Neto, por exemplo, a maior parte das pessoas fala apenas nos problemas emocionais do poeta, mas não é possível tirar aquele sufoco político da balança. Aquele momento mexeu demais com as pessoas sensíveis, foi duro para muita gente. Enfim, *Ossos do paraíso* foi um balanço disso tudo, de examinar todos esses aspectos em um momento em que as coisas melhoravam em termos políticos.

Nesse tempo, além de trabalhar na Fundação Nacional de Arte, a Funarte, você era professor da Universidade Federal Fluminense. É possível falar um pouco sobre a sua atuação nessas instituições? E, principalmente, como foi a experiência de ser professor?

Passei a trabalhar, em 1976, ano em que se inicia a abertura política, simultaneamente na Funarte e na Universidade Federal Fluminense. Na época estava procurando emprego e soube que um conhecido de meu pai, o Roberto Parreira, estava arregimentando gente do campo das artes para formar a equipe da Funarte, órgão recém-criado no Ministério da Educação e Cultura. A criação da Funarte estava diretamente ligada à política de abertura por parte de um extenso contigente do regime militar. Ainda tínhamos um general ditador no poder, mas esse general, o Ernesto Geisel, estava mais ligado às forças da abertura política do que aos radicais que não desejavam abertura alguma. Passei a trabalhar, assim, na Funarte no setor de editoração da instituição. Foi um tempo muito interessante, principalmente por ver de perto as marchas e contramarchas do processo da distensão política. Contei anteriormente que será nesse setor de editoração que publicaremos, em 1980, trecho da dissertação de mestrado da Ana Cristina Cesar com o título de *Literatura não é documento*. E em 1981 será publicada também por nossa equipe de editoração a dissertação de mestrado de Carlos Alberto Messeder Pereira, um extenso e rico painel sobre a poesia daqueles tempos, o livro *Retrato de época: poesia marginal anos 70*.

É interessante salientar que o poeta Eudoro Augusto, meu companheiro de primeiro livro, também vai trabalhar na Funarte nesse mesmo setor e juntos concebemos a Coleção Arte Brasileira Contemporânea, pequenos volumes bem cuidados graficamente com a produção dos principais artistas visuais daquele momento no país. É de se ressaltar que esse setor de editoração da Funarte possuía um grupo de programadoras visuais extremamente talentosas e bem formadas, provindas, em sua maior parte, da Escola de Desenho Industrial do Rio de Janeiro, a ESDI. Ainda na Funarte participei dos primeiros Ciclos de Palestras sempre capitaneados por meu amigo Adauto Novaes. Mesmo depois de sair da Funarte, Adauto permaneceu organizando esses Ciclos de grande importância no campo da reflexão filosófica, com a participação de pensadores do Brasil e do exterior, até os dias de hoje. Já são mais de vinte volumes publicados, formando uma coleção de peso bastante conhecida nacionalmente.

Ainda em 1976 fui convidado por um amigo, o Carlos Cordeiro, com quem trabalhara na feitura de uma enciclopédia numa editora em São Cristóvão, para substituir um professor que havia se licenciado e dar aulas, assim, no Instituto de Artes e Comunicação Social da Universidade Federal Fluminense – UFF, na cidade de Niterói. Fiquei um ano substituindo o tal professor licenciado, e nesse período surgiu a oportunidade de participar de um concurso interno para a efetivação do quadro permanente de professores da UFF. Desse modo, eu que havia sido convidado apenas para dar aulas até que o professor licenciado voltasse à atividade, passei a integrar o quadro permanente e continuei na UFF até me aposentar em 2014.

A experiência de ser professor na área de Comunicação Social foi muito rica. Acabei assumindo, principalmente, as disciplinas de Oficina de Textos e de Literatura e Comunicação, dando aulas nos cursos de Jornalismo, Cinema e Publicidade. Por meio dessas disciplinas pude levar aos alunos a minha experiência no campo literário, conversando sobre os mais diferentes autores das mais diferentes épocas. De modo geral, a receptividade foi sempre boa. Nunca me esquecia das palavras de Roland Barthes, que dizia que o professor universitário possui uma liberdade invejável, que é a de poder pensar em voz alta a própria pesquisa, passando-a de maneira livre para os alunos. E para ser dono dessa liberdade, o professor ainda era pago. Não tanto quanto o merecido, é bem verdade.

É importante dizer que o curso de Cinema da Universidade Federal Fluminense era comandado por Nelson Pereira dos Santos, que quando sai de Brasília em 1969, vai para Niterói criar esse novo curso. Assim, irei me reencontrar não só com Nelson Pereira, mas também com alguns antigos amigos, ex-alunos do curso de Brasília e agora professores na UFF.

Em 1985, você publica *Tudo nenhum*, que parece também ser um amadurecimento do caminho aberto pelo livro anterior, o *Ossos do paraíso*, não é? Em *Tudo nenhum* existe uma parte de balanço comportamental, das experiências vividas, algumas vezes com alta dose de humor, como no final do poema "Na estrada desta cama"...

É verdade. E você lembrou bem desse poema. Talvez eu não o escrevesse na década de 1970, mas em 1985 já soava para mim a hora de escrever algo assim. Que termina com um humor rasgado, sem que a coisa ficasse escapista. A década de 1980 foi pra mim uma década de respirar. A década do movimento Diretas Já, da redemocratização. E aí fui ter humor bem aberto pela primeira vez. Minha poesia não tinha quase humor na década de 1970. E muito em função do ambiente carregado em que vivíamos. Eu era mais amargo na poesia. Não que tenha mudado muito, mas era uma poesia mais dura ali. Se havia alguma leveza era pelo caminho do lirismo. Alguns poemas são bastante líricos. Seguindo, por exemplo, além dos caminhos da rebelião romântica, a tradição de um García Lorca, que eu sempre admirei profundamente. É que o Lorca lírico é de matar de bom. Assim como o Lorca do *Poeta em Nova York*, dos poemas mais delirantes, com um viés surrealista. Lorca é um dos gigantes do século 20. E imaginar que ele só viveu 36 anos é assustador.

Na realidade, trabalhei sempre com elementos do lirismo. O que, de certa forma, seguia na contramão da minha geração, que buscou muito pouco a expressão lírica. E talvez daí eu parecer um corpo estranho quando se fala de poesia marginal. De todo modo, o que mais me liga à minha geração penso ser esse não acreditar em líder algum, em movimento algum, seja no campo literário, seja no campo político. Uma desconfiança incessante em relação a qualquer tipo de poder. Sem me esquecer da postura de sempre olhar as coisas de um ponto vista multifacetado, sem uma direção única.

Depois do *Tudo nenhum*, você lança uma série de livros onde parece ter chegado à maturidade de sua linguagem. A sua poesia é muito diversa, mas existem alguns campos de força em torno dela, como a "imagética à beira do abismo" citada pelo Armando Freitas Filho, ao falar de você e do Roberto Piva... Hoje, pensando a sua obra, você consegue definir qual seria a genealogia que constitui ela em termos de linhagem?

Repito que sempre fui avesso aos modismos e aos grupos. Sempre. A poesia marginal, por exemplo, pensava bastante em termos de ação em grupo, em produção coletiva, igual à Nuvem Cigana, que realizou, aliás, ótimo trabalho.

Mas nunca me senti confortável com essas ideias de produções coletivas. Assim, tenho consciência de ter desenvolvido um tipo de poesia bem particular, bastante pessoal, que foi amadurecendo com o tempo. Nos anos de 1970 talvez ainda não tivesse uma visão tão transparente disso. Mas nas décadas seguintes adquiri forte consciência da singularidade da minha trajetória poética.

Agora, sobre a minha genealogia, ela foi bastante ampla. A partir de certo momento, fui buscar entender o que era a história da literatura ocidental. Percebi que havia passeado por muitas coisas soltas, e que seria importante então mergulhar de forma mais organizada no universo da literatura ocidental para entender, até de modo cronológico, o que significava a nossa tradição literária. Busquei ler com cuidado, para começo de conversa, as duas epopeias de Homero, o que era algo que pouca gente da minha geração procurava fazer.

Com o tempo, fui percebendo que havia uma espécie de fio condutor que permeava uma série de autores que me interessavam de modo particular. Essa pesquisa acabou por gerar o livro de traduções que realizei, *Fogo alto*, com poemas de autores de diversos tempos, tais como Catulo, François Villon, William Blake, Arthur Rimbaud, Federico García Lorca, Vicente Huidobro e Allen Ginsberg, todos ligados pela marca de um campo que poderia ser chamado de "visionário". Desse modo, quando chego em Catulo, Propércio, nos poetas latinos, tomei um susto. São poetas que não devem nada aos nossos modernos. É impressionante. Não apenas na forma como lidam com a linguagem, mas também no conteúdo. É interessante ver, por exemplo, de que forma as modas se repetem tempos afora, inclusive em termos de linguagem. Outro dia estava lendo uma elegia do Propércio e ele dizia a uma mulher algo do tipo "você, por favor, não deve pintar o cabelo de azul". Quer dizer, as romanas já pintavam os cabelos de todas as cores um século antes de Cristo.

Ao ler Propércio também me indagava das razões de um poema sobreviver por dois mil anos. Trata-se de algo pra lá de impressionante. O que esse texto, escrito em língua já extinta, possui em termos de poderosa, secreta voltagem poética que faz com que seja lido com interesse após dois milênios? Por que esse texto específico permaneceu, enquanto todo o resto se apagou? E essas indagações se aplicam a tantos outros escritores tempo afora... Nessa espécie de universo fechado, e com iluminação interna bem especial, habitam os mais escondidos segredos referentes ao que seja a grande poesia, aquela que irá interessar outras e outras gerações de diversos lugares depois que o tempo desfez todas as politicagens dos poderes literários instituídos em qualquer época. Depois que toda a febre inútil, que todas as disputas literárias se evaporaram. Que é quando, então, transparece essa desconcertante permanência dos mais felizes casamentos de melopeia, fanopeia e logopeia, no dizer de Ezra Pound, ao lado das invenções de novos caminhos no universo literário.

Quando descobri que os gregos já tinham dito quase tudo e os romanos complementaram, comecei a descortinar o que seria a minha genealogia. E aí segui na direção de entendê-la melhor. Fui ao François Villon, que viveu em fins da Idade Média e é um dos poetas mais incríveis que alguma vez li, inclusive em termos de estrutura formal. As minhas leituras passaram a se voltar, desse modo, para a busca do entendimento dessa genealogia diretamente ligada ao meu modo particular de sentir e pensar, para tentar encontrar a decifração das relações entre autores bem diversos e que me interessavam de perto.

Lembro-me, neste ponto, do deslumbramento que foi ler *A Divina Comédia*, por exemplo. Pensando bem, nunca li nada melhor do que Homero e Dante Alighieri em poesia. Pode parecer óbvio, mas, em última análise, o que esses poetas todos têm em comum é um trabalho muito forte, muito especial, consciente e consistente, com a linguagem. A linguagem, no fim, talvez seja o tema, o personagem principal, o mote. Depois de perceber com clareza isso, é claro que passei a cuidar ainda mais da linguagem que seguia utilizando em minha própria poesia.

Em 2005, você editou um livro adaptando a sua tese de doutorado em Comunicação, realizada nos anos 1990. *Cidade vertigem* possui características especiais dentro de sua trajetória poética. Você poderia discorrer um pouco sobre ele?

Vinha escrevendo desde o início da década de 1980 um extenso poema cujo tema central era a megalópole, e em que entrava também ampla parcela de prosa poética. Viver no Rio de Janeiro e visitar bastante São Paulo, onde passei a editar meus livros de poesia com o Massao Ohno, me despertaram esse desejo de exprimir em termos poéticos toda a labiríntica "vertigem" que a grande cidade me provocava. Esse trabalho prosseguia, portanto, paralelo às publicações de meus outros livros de poesia. Era uma espécie de *work in progress* que deixava guardado na gaveta.

Quando em 1992 decidi realizar o meu doutorado na Escola de Comunicação da Universidade Federal do Rio de Janeiro, a UFRJ, me vi imerso em dúvidas em relação à escolha do assunto de minha tese. Tinha algumas hipóteses, mas nada me satisfazia muito. Foi minha mulher, Cêça Guimaraens, que me sugeriu que eu pegasse o longo poema sobre a cidade e realizasse um movimento no sentido de capturar as fontes de onde havia retirado inspiração para escrever grande parte dos textos poéticos. Percebi, conversando com ela, que não só poderia recuperar essa espécie de memória subjacente aos textos, como deveria ir mais adiante, ou seja, buscar a leitura de novos escritores, pensadores, arquitetos e urbanistas que me provocassem a criação de outros textos poéticos e também de ensaios sobre o tema da megalópole. Fui ler assim, entre outros assuntos, autores que pensaram a relação entre utopia e cidade, a começar da República de Platão, passando pela Utopia de Thomas Morus, até alcançar os utópicos modernos, que estão na raiz do projeto de uma cidade igual Brasília, por exemplo.

Pratiquei também uma leitura mais interessada de poetas e prosadores que sempre me impressionaram, no sentido de perceber como cada um deles trabalhava o tema da cidade. Me detive, principalmente, em Baudelaire, Eliot, Joyce e Kafka para realizar esse exame mais detalhado. Li também textos de arquitetos e urbanistas interessantes, e nisso a biblioteca e a orientação de minha mulher muito me ajudaram. De todo esse amálgama, nasceu a minha tese de doutorado. A ideia seria ter uma primeira parte com os ensaios que ainda iria escrever, para no final reproduzir o meu longo poema que continuava em andamento. Desejava, enfim, demonstrar que toda aquela extensa leitura sobre o assunto havia ajudado a provocar a criação do corpo poético propriamente dito.

Porém, o mais difícil, pensei comigo mesmo, seria conseguir um orientador que aceitasse uma tese de doutorado apoiada em tantos textos poéticos. Procurei, assim, um filósofo que também é poeta, o professor Márcio Tavares d'Amaral. Para minha alegria, Márcio se entusiasmou com o que leu e me disse de pronto que eu deveria colocar o poema na abertura da tese e não no fim. Que, em última instância, o poema seria sempre mais importante que todos os ensaios que fosse produzir. Desse modo, realizei a tese e fui defendê-la em 1997. Depois mexi um pouco na estrutura de tudo, escrevi ainda alguma coisa nova e cheguei ao livro *Cidade vertigem*. Trata-se, de fato, de um livro com características bem especiais dentro de minha trajetória poética.

Uma coisa é a maturidade de uma linguagem, outra coisa é a pungência de questões que o levam a fazer um poema. O que te move a fazer um poema? E isso mudou com o tempo?

Penso que não mudou muito não, sabe? Tudo quanto vejo no mundo se transforma em poesia dentro de mim. É uma coisa meio óbvia dizer isso, mas é o que acontece. As temáticas talvez mudem. Fiz recentemente uma revisão completa desse último livro de largo fôlego que acabo de escrever, o *Cantar de labirinto*, que tem a estrutura de uma epopeia, ainda que não a seja em moldes clássicos. É algo mais próximo da *Invenção de Orfeu*, de Jorge de Lima, livro que leio desde a minha juventude e que considero como o mais importante da moderna literatura brasileira. Em *Cantar de labirinto* notei muito fortemente a presença da morte. Nessa releitura percebi que Thanatos está bem mais presente do que Eros. E senti que nos livros mais antigos havia bastante Eros, uma aposta mais forte na vida, mesmo diante de tantos dilaceramentos e da inarredável consciência do efêmero. Hoje percebo que envelheci mesmo, porque o tom está mais pesado nesse sentido de olhar a morte sem subterfúgios. E o livro possui também um tom de balanço, de exame de todas as minhas influências, de todo o meu percurso. Penso que coloquei tudo ali, de modo que é uma súmula da minha obra.

Do mesmo jeito que, de certa forma, também aconteceu com *A outra morte de Alberto Caeiro*, livro de 2015, em que reflito sobre o enigma da existência, sobre o mistério emboscado em cada detalhe da chamada realidade, incluindo esse sondar com liberdade os olhos da morte, que na palavra de Manuel Bandeira significa o fim de todos os milagres. Mas falar da morte também quer dizer, de modo paradoxal, potente amor à vida. É interessante notar que em antigo poema intitulado "Discurso", falo da inexistência das coisas em confronto com a necessidade de celebrá-las, dessa celebração da aventura de viver em contraponto com o absolutamente efêmero. Hoje sinto haver uma aceitação maior da efemeridade de tudo, sem muita necessidade das celebrações. Um sentimento mais cru. Isso talvez seja o que percebi de peso maior, quem sabe por ter passado por tantas fases. Afinal, tive a sorte de haver percorrido longo caminho de vida e chegado ao momento de poder escrever esse extenso *Cantar de labirinto*. Isto me alegra muito.

Aliás, escrever qualquer poema que me agrade de verdade é sempre grande alegria, algo como entrar em contato estreito com um universo paralelo, ou mais radicalmente ainda, participar da própria criação de uma espécie de mundo paralelo, às vezes com notas de um surrealismo alucinado em que vigília e sonho se confundem. Assim, repito, fiquei bastante satisfeito em escrever este recente livro, ter conseguido realizar uma súmula dos meus caminhos, de minhas perplexidades de maneira bem livre. Porque em essência o poeta não é nada mais do que alguém que dá voz às perplexidades humanas, que dá forma àquilo que muitos sentem e quase nunca conseguem expressar em profundidade. O bom poema será sempre um abismo a pulsar em campos de indefinível. Esses são os caminhos do poeta. O poeta caminha por esses fios de navalha o tempo inteiro.

Depósito Legal nº 432777/17

Impressão:
Europress – Indústria Gráfica
Rua João Saraiva, nº10-A *
1700-249 Lisboa
geral@europress.pt
www.europress.pt